BABSI BRUNBAUER / PETER EBELING

DAS 1x1 DES TELEFONIERENS
IN 101 GOLDENEN SCHRITTEN ZUM TELEFON-PROFI

BABSI BRUNBAUER / PETER EBELING

DAS 1x1 DES TELEFONIERENS
IN 101 GOLDENEN SCHRITTEN ZUM TELEFON-PROFI

Die Deutsche Bibliothek – CIP-Einheitsaufnahme

Brunbauer, Babsi:
Das 1 x 1 des Telefonierens : in 101 goldenen Schritten zum
Telefon-Profi / B. Brunbauer ; P. Ebeling. –
3. Aufl. – Wien : Signum, 1997
ISBN 3-85436-172-6
NE: Ebeling, Peter:; Brunbauer, Babsi: Das Einmaleins des Telefonierens;
Ebeling, Peter: Das Einmaleins des Telefonierens

© Signum Verlag Ges.m.b.H. & Co. KG
A-1031 Wien, Reisnerstraße 40

Umschlaggestaltung: Manfred Hirschauer
Umschlagfoto: ZEFA

Druck: Druckerei Hans Jentzsch & Co. GesmbH, Wien

ISBN 3-85436-172-6

Wien 1997

INHALTSVERZEICHNIS

1 VORBEREITUNGEN 7
Regeln 1 bis 25

2 STÖRUNGEN 35
Regeln 26 bis 41

3 STARTRITUALE 59
Regeln 42 bis 63

4 RENNBEDINGUNGEN 91
Regeln 64 bis 82

5 ZIELSETZUNGEN 125
Regeln 83 bis 101

ANHANG 171

1 VORBEREITUNGEN

„Auf los geht's los!" dachte sich Lukas Renner und blickte stolz auf den Schreibtisch, der die nächsten Wochen seiner sein sollte. Das hatte ja schon mal geklappt! Obwohl er bislang am Telefon hauptsächlich seiner kleinen Schwester bei Mathe-Aufgaben geholfen hatte, war das mit dem Job problemlos gelaufen. Er hatte auf das Stellenangebot, in dem ein mittelständisches Unternehmen eine junge Stimme, die Kundenohren nicht wurmt, suchte, spontan angerufen und sein angenehmes Organ hatte scheinbar ein Übriges getan. Telefonieren kann schließlich heute jedes zweijährige Kind – da ist ja wirklich nichts dabei.

Im Regal links vom Schreibtisch soll also der schwarze Ordner mit den Kundenbögen stehen. Frau Wollner, die Verkaufsassistentin, hatte ihm die Sammlung jener Geschäftspartner, die seit mehr als zwei Jahren nichts mehr gekauft hatten, ans Herz gelegt; ... ah ja, da ist sie schon, die Leichenmappe ...! „Wäre doch gelacht, wenn ich die Dornröschen nicht wachgeküßt bekäme!" freute sich Lukas und lümmelte sich auf das Gerät, das vor 50 Jahren einmal ein Stuhl gewesen sein mußte; für Lukas war's egal, ihm waren ohnedies immer seine langen Beine im Weg.

„ABC GesmbH" stand auf dem ersten Blatt im Ordner. Lukas wählte die danebenstehende Nummer und wartete auf die Verbindung. Nachdem sich die Zentrale gemeldet hatte, sprang er kopfüber in sein erstes Gespräch:

„Ich möchte Herrn Meixner."

„Walter oder Dr. Wilhelm?"

„W-Punkt; also ich glaube Walter."

„Der ist nicht mehr bei uns. Worum geht es bitte?"

„Das läßt sich so nicht sagen ... ich meine ... wieso? ... kann ich mit wem anderen ..."

„Wissen Sie was, junger Mann, denken Sie darüber nach, was Sie nun wirklich möchten, und dann melden Sie sich wieder. Guten Tag."

So hatte Lukas sich das nicht vorgestellt. Ist aber nicht weiter schlimm. Nach einer ersten groben Schätzung barg der Wälzer an die 500 Kontaktmöglichkeiten – da kommt's auf eine Firma mehr oder weniger nicht an, meinte er.

1. Jeder Kundenkontakt ist „heilig"!

Es ist völlig unerheblich, ob ein möglicher Interessent und damit ein Gesprächspartner durch eine Adreßliste, eine Datei oder durch Empfehlung eines Kunden bzw. Geschäftspartners in die Liste Ihrer Kontaktpersonen geraten ist: Jeder bedeutet die gleiche Chance, ein zufriedener Stammkunde zu werden. Behandeln Sie ihn danach und lassen Sie sich keine Gelegenheit entgehen!

„Abolan OHG" hieß die nächste Chance für unseren Draufgänger. Wie gewohnt verlangte er sehr bestimmt die Kontaktperson, Herrn Fender.

„Herr Fender ist vor drei Monaten in unsere Niederlassung Nord gegangen. Darf ich Ihnen die Nummer geben?"

„Ich glaube, das wird nicht nötig sein", schaltete Lukas blitzschnell, „wer macht denn jetzt seinen Job?"

„Job? Sie sind gut! Bevor Herr Fender uns verließ, war er Leiter der gesamten Logistik. Wohin möchten Sie denn?"

„In den Einkauf, bitte."

„Für welche Produktgruppe? Wissen Sie, wenn Sie mir endlich sagen würden, wer Sie sind und welche Firma, dann täte ich mir leichter. Ich habe ja anderes auch noch zu tun."

„Mein Name ist Renner, und ich arbeite für die Werk KG. Macht Sie das glücklicher?"

„Frech sein können Sie zu Ihrer Mutter, wenn die sich's gefallen läßt! Guten Tag." – Und weg war sie.

2. Telefonprofis bleiben gelassen!

Die Wahrscheinlichkeit ist groß, daß Sie mehr mit ungeschulten als mit geschulten Leuten am Telefon zu tun haben werden. Sie werden also mehr ungehaltene als freundliche Antworten erhalten, öfter ungeduldige als umgängliche Reaktionen. Nehmen Sie das nicht persönlich! Akzeptieren Sie, daß es eben so ist, und behalten Sie die Ruhe. Als Telefonprofi wissen Sie, daß das zu Ihrer Grundhaltung gehört. Lassen Sie sich durch nichts und durch niemanden provozieren – das haben Sie gar nicht nötig!

Lukas ärgerte sich. Was hatte die sich so? Schließlich war sie in seinen Augen dazu da, die richtigen Verbindungen herzustellen und nicht lang herumzufragen. Es war ja nicht seine Schuld, daß die Unterlagen bestenfalls noch antiquarischen Wert hatten.

> **Niemand ist „dazu da", etwas zu tun!**
>
> Jeder hat seinen Beruf, und dieser ist mit Aufgaben verbunden; das heißt aber noch lange nicht, daß der oder die Betreffende „dazu da" wäre, dies oder jenes zu tun. Behandeln Sie deshalb niemanden so, als wäre es seine Bestimmung, eine Leitung herzustellen oder Auskünfte zu erteilen. Sprechen Sie den Menschen an – Sie haben es ja mit Menschen zu tun und nicht mit Sprachcomputern. Wenn Sie eine Bitte haben, präsentieren Sie sie als solche; wenn Sie eine Auskunft möchten, bitten Sie darum. Sie werden schneller und problemloser kommunizieren.

Auf der nächsten Seite las er: „Achat & Co. Joachim Atzler und Partner." Kontaktperson war keine angegeben. „Wahrscheinlich besser so", tröstete sich Lukas, „da weiß man wenigstens von vornherein, daß man sich durchfragen muß." Er machte sich an den dritten Anlauf.

> **Jeder Anruf ist ein Überfall!**
>
> Jemanden anzurufen bedeutet, sehr abrupt in seine Welt einzudringen. Sie haben sich auf das Gespräch vorbereitet, Ihren Gesprächspartner trifft es wie ein Blitz aus heiterem Himmel. Holen Sie ihn also dort ab, wo er steht. Fragen Sie ihn danach, aus welcher Tätigkeit Sie ihn gerade reißen. Sie können so den Weg vorzeichnen, den der Gesprächspartner am günstigsten zu Ihrem Anliegen einschlagen soll.

„Achat. Guten Morgen."
„Auch Guten Morgen. Renner von der Werk KG. Wer ist bei Ihnen für den Einkauf zuständig?"
„Das macht Achim Atzler, unser Chef, selbst."
„Ich möchte ihn sprechen."
„Sie haben Nerven! Um diese Tageszeit? Da läuft Herr Atzler von einer Sitzung zur anderen. Telefonate nimmt er grundsätzlich nur nachmittags entgegen. Kann ich etwas ausrichten?"
„Nein, nein; danke; ich rufe später wieder an."
„Dann gebe ich Ihnen gleich die Durchwahl ins Chefbüro; notieren Sie bitte ..."

„Moment ... Moment ... Ich muß mir erst etwas zum Schreiben suchen ... Einen Augenblick, bitte ... Teufel, das funktioniert nicht ... noch eine Sekunde bitte" ...

Lukas stürmte aus der Tür und fipste einem verdutzten Burschen, der gerade über den Gang ging, den Stift aus der Hand.

„Ich bin schon wieder da! Geht schon! ... Ja, hab' ich. Vielen Dank. Auf Wiederhören!"

Na, wenigstens keine totale Pleite.

5

Funktionierendes Schreibzeug immer griffbereit halten!

Man kann nie wissen, wann und wo man sich etwas notieren muß. Sie können von den wichtigsten Telefonaten unvorbereitet getroffen werden. Abgesehen davon, daß funktionierendes Schreibgerät ein fixer Bestandteil Ihres Arbeitsplatzes ist, sollten Sie einen weiteren Schreiber am Körper tragen. Es gibt heute praktische Gürtelhalterungen, und am Arbeitsplatz kann man problemlos auch Stifte um den Hals hängen haben. Gleichgültig, wie Sie sich entscheiden: Wählen Sie eine Lösung, die Ihnen entspricht und die Sie in die Lage versetzt, nie wieder hastig nach einem Schreibgerät zu suchen.

In der Tür lehnt schadenfroh lächelnd Ernst Pfeiffer. „Ich bin zwar kein angehender Akademiker, sondern bloß Azubi hier; ‚Pfiff' mein Name. Aber das erste, was die mir hier beigebracht haben, war, daß das Werkzeug in Ordnung sein muß. Das lernt man auf der Uni wohl nicht? Gibst du mir meinen Schreiber wieder? Dann verrat' ich dir auch die Quelle, wo ich den herhabe. Ich komm' nämlich gerade von dort."

„Nett von dir, Pfiff. Verzeih den Überfall; ich hab' so schnell nicht gewußt, was ich tun soll. In dem Saftladen funktioniert wohl gar nichts. Die Kartei ist auch vollkommen hinüber."

„Tu' was für dein Geld! Bist ja nicht auf Urlaub hier! Ist schön zu sehen, daß auch Schreibtischtäter Troubles haben. Halt durch bis Feierabend, dann bau' ich dich mit einem Bier wieder auf, wenn du willst."

„Abgemacht. Ich geh' jetzt Schreibzeug tanken."

„Reisende soll man ja nicht aufhalten, aber eine Frage muß ich doch noch stellen: Was tust du, solltest du einmal nicht im Vorfeld verloren gehen und an deine Zielperson geraten? Ich meine, weißt du überhaupt, was du von den Leuten willst?" forschte Pfiff zaghaft.

„Ja ... ähm ... freilich ... Ich soll sehen, was mit denen los ist", war sich Lukas seiner Sache fast sicher.

„Und so sagst du denen das auch: 'Sie, ich soll sehen, was mit Ihnen los ist'!?" überprüfte Pfiff die Aussage.

„So nimm doch nicht alles so wörtlich", ärgerte sich Lukas. „In welchem Eck willst du mich jetzt schon wieder haben?"

„Das will ich dir genau sagen: Der Herr Studiosus machen auf mich einen ziemlich ziellosen Eindruck, mit Verlaub. Will heißen: Solange du nicht genau weißt, wo du ankommen willst, wirst du auch den Weg nicht finden. Zumindest ist das bei uns in der Montage so! Kann ja sein, daß es in deinem Gebiet anders ist!" nörgelte Ernst Pfeiffer.

„Nein, nein, Herr Pfeiffer, Sie haben schon recht", assistierte Angelika Wollner. „Ohne Gesprächsziel auch kein sinnvolles Gespräch. Dabei müssen Sie sogar zwischen offiziellem und inoffiziellem Gespächsziel unterscheiden."

„Jetzt komme ich aber nicht mehr mit", stutzte Lukas. „Ich dachte, mein Auftrag wäre klar: Kunden rückgewinnen."

„Das ist Ihr Auftrag. Aber das muß noch lange nicht das Gesprächsziel sein. Ein Gesprächsziel kann z.B. sein, für einen unserer Fachberater einen Termin auszumachen. Oder die Gründe für Unzufriedenheit herauszufinden. Oder Interesse an unseren neuen Produkten zu wecken. Das sind sehr unterschiedliche Ziele. Außerdem kann es sein, daß man sich offiziell zum Ziel setzt, Produktinformationen zu übermitteln, und inoffiziell versucht man, die Lage für einen Besuch zu peilen. Oder man verlegt sich offiziell auf das Angebot von Zusatzprodukten und eruiert den Bedarf an Kernprodukten. Das Gesprächsziel müssen Sie klar vor Augen haben – sonst erreichen Sie es nie!"

**Kein Rennen ohne Ziel –
kein Gespräch ohne Gesprächsziel!**

Ein Gespräch unterscheidet sich vom Geplauder durch seine Gerichtetheit. Ein Gespräch hat ein Gesprächsziel. Je genauer Sie dieses Ziel vor Augen haben, desto besser werden Sie es erreichen. Bevor Sie ein Telefonat beginnen, überlegen Sie genau,

> welches Ziel Sie mit diesem Gespräch verfolgen. Erst wenn Sie das Ziel ganz klar festgelegt haben, können Sie auch entscheiden, was Sie wann wie fragen und sagen wollen, um Ihr Ziel zu erreichen. Je mehr Zeit Sie auf die Definition des Gesprächsziels verwenden, desto mehr Erfolg werden Sie haben. Überlegen Sie auch, woran Sie erkennen, ob Sie Ihr Ziel erreicht haben. Ein Gesprächsziel ist nur dann ein Gesprächsziel, wenn man es erstens erreichen und zweitens überprüfen kann, ob man es erreicht hat. Formulieren Sie Ihr jeweiliges Gesprächsziel also ganz konkret: Ich möchte erreichen, daß der Kunde um einen Informationsbesuch bittet. Ich möchte erreichen, daß der Kunde sich eine Kostensenkungskalkulation anbieten läßt. Ich möchte erreichen, daß der Kunde mein Produkt zur Ansicht bestellt.

„Soll ich's mir vielleicht als Poster vor die Nase hängen?" staunte Lukas.

„Das wäre nicht so gut, weil es sich von Gespräch zu Gespräch ändert. Aber für jedes Gespräch sollten Sie es schriftlich festhalten. Am besten im Gesprächsprotokoll. Dann haben Sie es vor Augen und sehen permanent, wo Sie landen sollen", riet Frau Wollner.

„Werd' ich also in Hinkunft das Ziel definieren, bevor ich in den Zug einsteige. Ist wahrscheinlich für's Ankommen nicht unerheblich! Vorher hol' ich aber noch schreibendes Werkzeug!" versprach der Neuling.

Als Lukas zurückkommt, steckt Frau Wollner ihren Kopf zur Tür herein, und er sieht in ein besorgtes Gesicht. „Wenn Sie so weitermachen, müssen wir all diese Käufer wirklich vergessen, und Sie zertrümmern aus Zorn noch den Apparat. Ich habe durch die offenen Türen mitgehört und würde gern über Ihre ersten Erfahrungen mit Ihnen reden."

„War's denn so fürchterlich? Ich kann doch nichts dafür, wenn heute morgen der Wurm drin ist!" verteidigte sich Lukas, ohne einen konkreten Angriff abzuwarten.

„Herr Renner, ich bin nicht hier, Ihnen Vorwürfe zu machen, sondern Ihnen Hilfestellungen zu geben. Und damit ich weiß, was Sie instinktiv richtig tun und wo Sie Unterstützung brauchen, habe ich Sie beobachtet. Die Realität der anderen interessiert mich hier nur am Rande. Sie interessieren mich – und meine Kunden. Ich will also keine Schuld zuweisen, sondern mit Ihnen gemeinsam überlegen, was gelaufen ist."

> **Vermeiden Sie Schuldzuweisungen!**
> Wir sind nicht in der Kirche – suchen Sie keine Schuld, wenn etwas schiefgegangen ist. Suchen Sie lieber Lösungen. Meistens kann man eine verfahrene Situation auch entschärfen, wenn man die Ursache nicht erforscht. Egal, ob eine Verbindung nicht zustande kommt, ein Ansprechpartner sich als nicht zuständig erweist oder ein Versprechen nicht gehalten wurde: Suchen Sie schnellstens eine Lösung! Erstens bleibt Ihr Engagement in Erinnerung und deckt die Unlustgefühle ab. Zweitens wird, wenn Ihr Gesprächspartner die Situation mitverursacht hat, dieser es Ihnen danken, daß Sie ihn nicht bloßgestellt haben. Drittens haben auch Sie einen glimpflichen Abgang, sollte auf Ihrer Seite etwas verpaßt worden sein.

„Okay. Das will ich ja auch wissen. Passiert das nur mir oder ist das am Anfang immer so?"

„Da muß jeder durch! Gerade weil uns das Telefon so selbstverständlich ist, will niemand wahrhaben, wieviel Können im professionellen Umgang mit dem Medium steckt. Es kann heute auch jeder Tiefkühlkost in die Mikrowelle stecken, und dennoch käme niemand auf die Idee, deshalb gleich ein Restaurant zu eröffnen. Aber Sie sind auf dem richtigen Weg: Sie haben schnell gespürt, daß Sie sich perfektionieren müssen. Eine solide Vorbereitung ist die Basis dafür."

> **Lernen Sie Telefonieren, um es zu können!**
> Das Telefon ist ein so unverzichtbarer Bestandteil unserer modernen Welt geworden, daß wir uns nicht mehr darüber klar sind, daß die sinnvolle Benützung ein Können darstellt; und jedes Können erfordert vorhergehendes Lernen! Obwohl jeder Teller aus der Küche holen kann, ist Kellner ein Lehrberuf mit dreijähriger Lehrzeit. Wir wissen zwar, wie man mittels eines Telefons Informationen übermittelt, aber die geschäftsmäßige Benützung will gelernt sein! Scheuen Sie sich nicht, hier Bildungsbedarf zuzugeben und anzumelden. Jeder Profi braucht Training!

„Vorbereitung? Was kann man beim Telefonieren schon vorbereiten?"

„Sich, den Arbeitsplatz und die Unterlagen. Ist das nichts?"

„So habe ich das noch nie betrachtet. Was meinen Sie damit, wenn Sie sagen, ich muß mich vorbereiten? Das ist doch keine Prüfung!"

„Ja und nein. Mit einer Prüfung ist ein Telefonat dahingehend vergleichbar, daß man eine Menge einschlägiger Daten und Fakten im Kopf haben sollte, um ein wirklich informierter Gesprächspartner zu sein. Natürlich kann man schnell nachblättern – aber man muß wissen, wo."

„Wie beim Schummeln; da muß man auch genau wissen, wo man's aufgeschrieben hat."

„Ja, genau. Außerdem dürfen Sie nicht vergessen, daß dem Gesprächspartner langweilig wird. Am Telefon arbeitet die Zeit immer gegen Sie."

„Soll das heißen, daß ich die ganze Produktpalette auswendiglernen soll und am Ende die Preise noch dazu?"

9

Halten Sie Ihre Unterlagen aktuell!

Überalterte Unterlagen kosten die meiste Energie. Sie halten auf und nehmen die Lust an der Arbeit, weil sich sehr schnell negative Erwartungen verfestigen – nach dem Motto: Was wird jetzt wieder nicht stimmen. Vermerken Sie Personalrochaden, die in der Presse publiziert werden, notieren Sie einschlägige Wirtschaftsnachrichten, beobachten Sie Veränderungen bei Telefonnummern und Adressen. Es erleichtert Ihnen die Arbeit. Überdies kann man mit diesen Tätigkeiten jene Phasen überbrücken, in denen man besser nicht telephoniert, weil man gerade nicht in Hochstimmung ist. Man tut etwas Sinnvolles und vermeidet dadurch schlechtes Gewissen.

„Das soll heißen, daß Sie sich informieren sollen. Über die Firma, für die Sie arbeiten, und über den Kunden, den Sie als nächsten anrufen. Daß Mercedes keine Jeans vertreibt, ist noch relativ geläufig, aber wissen Sie, wovon die Achat lebt?"

„Ich nehme an, von Edelsteinen."

„Achate sind Halbedelsteine, Herr Renner. Und damit sind Sie schon auf dem Holzweg. Achim Atzler erzeugt spezielle Industriegläser, und die Schmucksteine aus seiner Produktion sind nur ein Abfallprodukt. Von uns bezog Atzler HD33, ein besonderes Schmiermittel, das für uns wiederum nur ein Nebenprodukt ist. Weil wir neuerdings aber auch andere Schmiermittel im Programm haben, ist es wichtig, daß Sie sich mit Atzler einmal ganz allgemein über seine Erfahrungen mit dem Maschinenservice unterhalten. Wenn Sie es schaffen, daß er mit einem von unseren Technikern weiterredet, dann haben Sie gewonnen!"

„Ja, soll ich jetzt ein Branchenlexikon zusammenstellen oder Kundenkontakte wiederbeleben?"

„Das eine wird ohne das andere nicht gehen. Ich glaube, das Günstigste ist, Sie beschaffen sich einmal unsere Firmenbroschüre und den Produktgruppenkodex. Und dann hängen Sie sich an die Fersen von unserem Boten und begleiten Sie ihn durchs Haus. Damit halten Sie niemanden von der Arbeit ab und lernen doch den Betrieb kennen. Solange Sie das Unternehmen nicht kennen, können Sie es auch nicht verkaufen. Sie müssen sich als Teil des Ganzen fühlen, sonst spaltet sie jede Frage neuerlich ab."

„Ich bekomme von Ihnen also einen Spaziergang verordnet?"

„Mehr eine Studienreise. Hinterher wird Ihnen der Kopf ganz schön brummen, denn alles wird nur einmal gesagt. Was Sie dann nicht mitbekommen haben, wird Ihnen fehlen. Trotzdem viel Spaß!"

Ich bin die Firma, und das Produkt ist mein Kind!

Man muß nicht immer für das Rote Kreuz tätig sein, um sich mit seiner Arbeit identifizieren zu können. Gleichgültig aus welchem Grund Sie mit dem Telefon arbeiten und für welche Firma Sie tätig sind: Suchen Sie sich Gründe, die über das reine Geldverdienen hinausgehen. Sie sind niemandem darüber Rechenschaft schuldig, welche Gründe das sind! Aber je verbundener Sie sich mit Ihrer Tätigkeit fühlen, desto besser werden Sie anderen klarmachen können, warum Sie besser sind als die Konkurrenz. Wenn Sie wie eine Löwenmutter Ihr Junges verteidigen, werden Sie erfolgreicher sein als wenn Sie indirekt Ihren Gesprächspartner darin bestätigen, daß er recht hat, Sie abzuwimmeln. Ein Profi glaubt an sein Tun!

Am Nachmittag, nach dem Rundgang, war ihm vieles klarer. Die Werk KG war sowohl Produktionsbetrieb als auch Händler von verwandten Produkten, die aus Gründen der rationellen Kundenpflege zugekauft wurden. Weil man mit wenigen Großabnehmern den Löwenanteil des Umsatzes bestritt, lag die Betreuung der vielen kleineren Abnehmer regelmäßig im argen. Lukas sah jetzt auch klarer, worin sein Beitrag für das Unternehmen liegen konnte: Er sollte Brücken bauen, über die die anderen dann gehen bzw. ihre Produkte tragen konnten. Aber für eine haltbare Brücke muß man nicht nur die Bodenqualität auf einer Seite des Ufers kennen, sondern auf beiden. Also mußte er auch über die Kunden im Ordner etwas erfahren.

Frau Wollner war verschwunden, und Lukas blätterte ziellos in den Kundenbögen; irgendwie graute ihm vor dem nächsten Anruf; er hatte keine Lust auf noch eine kalte Dusche.

11 Rückschläge sind Bestandteile des Erfolgs!

Verzagen Sie nicht, wenn vieles nicht sofort gelingen will! Für die meisten Erfolge muß man vorher viele Mißerfolge wegstecken. Das ist ein natürlicher Prozeß. Suchen Sie Kontakt mit Menschen, die durch jene Schule, durch die Sie gerade gehen, schon vorher gegangen sind. Versuchen Sie, herauszufinden, was jedem passiert und was nur Ihnen passiert. Sie werden bemerken, daß das meiste übliche Startschwierigkeiten sind. Denken Sie an Ihre ersten Fahrstunden – auch da mußten Sie erst Sicherheit bekommen. Wichtig ist es, zu unterscheiden: Was liegt in der Natur der Sache (wird sich also nie ändern, weil es dazu gehört, z.B., daß man durchschnittlich sieben Kontakte benötigt, um einen Erfolg zu verbuchen), was wird sich durch steigende Routine von selbst ändern (z.B. Nervosität, Unsicherheiten beim Gesprächsbeginn) und was liegt an meiner Unwissenheit? Hier sollten Sie flugs die Wissenslücken stopfen!

Da sah er Pfiff über den Gang huschen. „He Pfiff, wen fragt man hier nach Facts zu den Kunden?" „Am besten keinen; die haben alle andere Sorgen, als lange Interviews zu geben. Was tut man denn auf der Uni, wenn man etwas nicht weiß?" „Da setz' ich mich in die Bibliothek und spiele Maulwurf." „Auf, auf, Herr Diplommaulwurf! Den Gang entlang, vorletzte Tür links – unsere Bibliothek. Wir haben sogar eine ganze Reihe von Fachzeitschriften abonniert, da hab' ich ein paarmal in puncto Verfahrenstechnik irre Hämmer gefunden. Aber die gängigen Wirtschaftsgeschichten müssen auch da sein. Wirst schon auf deine Rechnung kommen. Was dann noch offen ist, kannst du immer noch fragen." „Pfiffikus, was tät' ich ohne dich?" Lukas fühlte sich erleichtert und verzog sich zwischen die Bücher.

> **Überall finden sich nützliche Informationen!**
> Zwischen Aufstehen und Schlafengehen nehmen wir eine Fülle von Informationen auf. Versuchen Sie, dieses Input für Ihr berufliches Fortkommen zu nützen! Wie läßt sich eine aktuelle Plakataktion für Sie ausschlachten? Was können Sie jenem Betrieb anbieten, der gerade wegen seiner umfangreichen Rationalisierungen durch die Abendnachrichten geht? Wie können Sie für sich nutzbar machen, daß das Unternehmen, das an Ihrem täglichen Büroweg liegt, gerade renoviert wird? Vieles aus unserem Alltag können wir beruflich nützen, vorausgesetzt, wir realisieren es!

Kurz vor Dienstschluß tauchte er wieder auf und lief der Verkaufsassistentin geradewegs in die Arme. „Ich glaube, jetzt weiß ich, was Sie mit 'sich selbst vorbereiten' meinten: Plötzlich habe ich ein plastisches Bild von unserer Firma und unseren Abnehmern. Ich habe mich zwar nur über einen Bruchteil der Mappe informieren können, aber es sind fürs erste sicher genug. Die Wirtschaftsnachrichten bekommen einen ganz anderen Geschmack, wenn man sie vor so einem konkreten Hintergrund liest."

„Sehr gut, Herr Renner! Sie sehen also jetzt viel klarer und können ungefähr abschätzen, mit welchen Besonderheiten Sie konfrontiert sein werden. Jede Branche hat auch ihre Eigenheiten. In der Textilindustrie geht es anders zu als bei den Metallverarbeitern, das werden Sie auch noch merken. Wir beliefern ja fast alle Sparten, da werden Sie noch viel kennenlernen! Wie sieht denn inzwischen Ihr Schreibtisch aus?"

„Unverändert. Stimmt etwas nicht mit ihm?"

„Ein organisierter Arbeitsplatz ist das A und O erfolgreichen Tuns! Das kreative Chaos hat seinen Charme, und ich kenne niemanden, der leidenschaftlich aufräumt; aber gerade für Ihre Arbeit ist Übersichtlichkeit alles. Sie müssen blind die Unterlagen finden, die Sie in einer Minute brauchen werden. Telefonieren ist wie Schach spielen: Man muß immer drei Züge vorausdenken. Sie führen ein Gespräch am Telefon, das heißt auch: Sie leiten den Gesprächspartner. Dazu müssen Sie aber Ihre sieben Sachen beisammenhaben. Ein Bergführer kann auch nicht an der Wegekreuzung nach dem Kompaß zu kramen beginnen und dann feststellen, daß er ihn im Tal gelassen hat."

13

> **Übersicht verhindert Untergang!**
>
> Solange Sie keine Freisprechanlage haben oder zumindest mit Kopfhörer und Mikrophon arbeiten, benötigen Sie eine Hand für den Telefonhörer – das sind 50% Einbuße an Agilität! Wenn Sie nun den Hörer in die Halsbeuge einklemmen, können Sie weder frei atmen noch haben Sie den idealen Abstand zwischen Sprechmuschel und Mund. Ordnen Sie deshalb alle Utensilien auf Ihrem Arbeitstisch, vom Telefon bis zur Preisliste, optimal an. Verwenden Sie Zeit und Ideen auf die für Sie günstigste Anordnung; und zementieren Sie diese bis zu einer noch besseren Lösung. Erst wenn alle nützlichen Gegenstände einen Fixplatz haben, ist Ihre einzige freie Hand nicht überfordert. Nur dann können Sie blind greifen und aus den Augenwinkeln Hinweise einholen. Ein Telefon-Arbeitsplatz sollte den Charme eines Cockpits haben: Alles an seinem Platz und automatisch zu erreichen. Form follows function.

„Sieben Sachen? Soll ich das wörtlich nehmen?"

„Ja, das sollen Sie! Welche sieben Sachen könnte ich meinen?"

„Naja, also ein funktionstüchtiges Schreibgerät, nehme ich einmal an. Da hab' ich ja heute morgen schon meine Erfahrungen gemacht. Und dann wahrscheinlich Papier."

„Richtig! Allerdings habe ich für mich in letzter Zeit den Billigkugelschreibern den Kampf angesagt, weil die gern im entscheidenden Moment den Geist aufgeben. Ich verwende am liebsten einen weichen Bleistift, den hab' ich unter Kontrolle, und spitzen kann ich ihn selbst, da bin ich von niemand anderem abhängig. Zwei Bleistifte – falls einer abbricht – und man kann sogar mit dem Radierer kleine Irrtümer ausbessern. Und dann führten Sie noch ‚Papier' an. Irgendein Papier?"

„Na, Notizpapier halt."

„Ganz so beiläufig sollten Sie das nicht nennen! Sie brauchen sowohl Protokollblätter für die einzelnen Gespräche als auch neutrale Bögen für zusätzliche Hinweise. Stellen Sie sich vor, ein Gesprächspartner erwähnt en passant, daß er gestern mit seiner Frau im Konzert war, und Ihnen fällt ein, Sie sollen Ihre Freundin anrufen. Wenn Sie jetzt versuchen, das nicht zu vergessen, konzentrieren Sie sich nicht mehr auf das Telefonat. Bleibt Ihre Aufmerksamkeit ungebrochen bei Ihrem Thema, ist die Freundin wieder weg. Also machen Sie sich eine rasche Notiz auf Ihren Nebenzettel, Sie haben den Kopf wieder frei, und die Idee ist festgehalten. Vielleicht ist der Kunde ja auch ein härterer Brocken, und Sie wollen sich für eine nächste Unterhaltung ein bißchen über Musik und Konzerte informieren, damit Sie zusätzliche Berührungspunkte haben. Über die Sinne am Telefon werden wir noch ausführlicher sprechen; im Moment nur soviel: weil Sie ja nur die akustische Schiene zum anderen fahren können, müssen Sie jede Gelegenheit nützen, die anderen Sinne wenigstens anzusprechen. Deshalb sagte ich auch bewußt ‚Berührungspunkte'. Man muß auch versuchen, den Menschen am anderen Ende der Leitung etwas spüren zu lassen. Dazu verdient Ihr Gesprächspartner Ihr gesamtes Interesse, und das Papier hilft Ihnen, Ihre Kräfte zu bündeln."

> **Lassen Sie den Gesprächspartner Interesse spüren!**
>
> Sie haben zwar nur eine Schiene zu Ihrem Gesprächspartner, und das ist die akustische, doch auf dieser können Sie eine Menge transportieren. Lassen Sie Ihren Gesprächspartner spüren, daß Sie an ihm als Mensch Interesse haben. Menschen brauchen Wärme. Bei einmaligen Anrufen nehmen Sie auf die Tagesverfassung bezug; bei intensiverem Kontakt melden Sie sich z.B. absichtslos zum Geburtstag. Je verwechselbarer Produkte werden, desto wichtiger wird die individuelle Komponente.

„Ich arbeite also mit zwei Qualitäten von Papier: Einem strukturierten, das mir Name, Nummer des Kunden und sonstige Hinweise gibt, und einem zweiten, das ganz neutral für Randbemerkungen verwendet wird."

„Genauso ist es. Und je weniger Sie auf die zweite Sorte Zettel schreiben, desto leichter können Sie hinterher zuordnen bzw. wenn etwas erledigt ist, das Blatt wegwerfen. Mein weißer Block hat A5-Format. Die Bögen sind groß genug, daß ich sie nicht lange suchen muß, und klein genug, daß ich maximal zwei Dinge darauf notiere. Die Hauptsache ist, Sie beschreiben jedes Papier, wirklich jedes Papier nur auf einer Seite; beidseitig Beschriebenes ist die erste Stufe zum Herzinfarkt! Entweder man vergißt, das Stück Papier umzudrehen, wenn man eine bestimmte Notiz sucht, oder man wirft ein Blatt weg, weil die Vorderseite erledigt ist; das ist nicht Sparsamkeit, das ist Harakiri!"

> **15 Notizen brauchen Aufmerksamkeit!**
>
> Je freier der Kopf, desto umfangreicher die Notizen. Jede wiedergefundene Notiz bedeutet einen Schritt Vorsprung. Deshalb: Pro Zettel nur zwei Notizen. So können Sie die Blätter bald wieder wegwerfen, das sind Erfolgserlebnisse! Nichts ist schlimmer als eine Liste, auf der für jeden erledigten Posten zwei neue hinzukommen. Notizblätter müssen so groß sein, daß man sie findet, und so groß, daß man Sie, um die Ideen zu trennen, teilen kann. Und so klein, daß man nicht zu weiteren Beschriftungen verleitet wird. Am günstigsten sind Blöcke im Schulheftformat (A5). Und noch eine Grundregel: Jedes Blatt Papier nur einseitig verwenden. Sie können es drehen und wenden, wie Sie wollen: Es gibt nur eine rechte Seite!

„Was brauche ich denn sonst noch? Von mir aus fühle ich mich gut gerüstet."

„Sie sind schon ganz passabel gerüstet. Was tun Sie aber, damit Sie am Nachmittag nicht vergessen, Herrn Atzler anzurufen?"

„Oh je, die Achat! Hab' ich schon vergessen."

„Heute ist das kein Malheur, Sie haben die Zeit besser genützt, und Achim Atzler läuft Ihnen nicht davon. Aber an einem durchschnittlichen Telefoniertag wissen Sie nach dem fünften Kontakt nicht mehr, wer wann einen weiteren Anruf möchte."

> **16 Bauen Sie sich Gedächtnisstützen!**
>
> Wer aktiv ist und viel tut, läuft Gefahr, viel zu vergessen. Dagegen hilft nur eines: Gedächtnisstützen. Bauen Sie überall, wo es Ihnen nützlich und nötig erscheint, Gedächtnisstützen ein – helfen Sie sich dabei, gut zu sein. Schreiben Sie Termine in den Kalender, notieren Sie Ideen und Hinweise, arbeiten Sie mit Checklisten, bereiten Sie sich projektbezogene Memos vor. Leiten Sie nach jedem Telefonat das Notwendige sofort in die Wege. Und

> erziehen Sie sich dazu, mehrmals am Tag Ihre Erinnerungsstützen zu kontrollieren. Es gibt viele Wege, sich leicht handhabbare Erinnerungshilfen zu gestalten; seien Sie kreativ – niemand kennt Sie so gut wie Sie sich selbst! Ein vergessenes Versprechen ist ein vergessener Kunde – und ein vergessener Kunde ist ein verlorener Kunde!

„Da muß ich halt regelmäßig die Protokolle durchschauen und nachsehen, wann ich mich wieder melden soll."

„Auf diese Weise würden Sie vermutlich bald zu einer Papierwühlmaus, aber nicht zu einem Profi am Telefon. Zur Entlastung sind Kalender erfunden worden; und zwar so intelligente Stücke, die innerhalb der täglichen Stundeneinteilung auch noch Viertelstundenspalten haben. So können Sie mühelos Telefontermine eintragen und brauchen sich dann bloß noch das richtige Blatt zur Hand zu nehmen."

„Ein Glück, daß meine Armbanduhr eine Weckfunktion hat, da kann ich mir von Termin zu Termin die Zeit einstellen."

„Perfekt! Daß Sie so gut ausgerüstet sind, hilft uns über die nächsten Tage, denn die Uhr, die auf Ihren Schreibtisch gehört, ist gerade in der Reparatur. Zur Not hätte ich Ihnen meinen Küchenwecker mitgebracht."

> **Die Uhr macht Sie taktvoll!**
>
> Nichts gegen das Schmuckstück auf Ihrem Handgelenk. Doch Sie halten entweder mit der Uhr-Hand den Hörer oder den Stift. Auf jeden Fall haben Sie keinen freien Blick auf die Zeit, und der ist unabdingbar. Sie müssen die Zeit im Auge behalten können – Ihre und die des Telefonpartners. Am geeignetsten sind Digitalwecker mit Programmiermöglichkeit. Durch die Ziffernanzeige entfällt jeder Zweifel, ob es zehn Minuten nach zehn Uhr oder zehn Minuten vor zwei Uhr ist. Und die Weckfunktion erinnert Sie an wichtige Termine.

„Heißt das, daß auch die Uhr zu den sieben Sachen gehört?"

„Unverzichtbar. Und sie muß so groß sein, daß Sie sie aus den Augenwinkeln sehen. Sie müssen ganz nebenbei überprüfen können, ob Sie gerade in eine Pausenzeitspanne geraten oder sonst in einem kritischen Zeitraum agieren. Die Uhr macht Sie taktvoll. Denn Sie sehen auch, wann ein Gespräch – so amüsant es sein mag – für die Businessrealität zu lang wird. Manche Leute werden nur deshalb zu ihren Zielpersonen nicht weiterverbunden, weil diese in Panik sind, die Dauerplauderer nicht abstellen zu können."

18

Die Gesprächsdauer wird vom Gesprächspartner bestimmt!

Überlassen Sie die Gesprächsdauer im großen und ganzen Ihrem Telefonpartner. Er signalisiert, ob er viel oder wenig Zeit investieren will. Er zeigt an, ob er sich bei schnellerem oder langsamerem Tempo wohl fühlt. Ein Telefonprofi agiert in diesem Rahmen! Sollte die vom Gesprächspartner gewünschte Geschwindigkeit für Sie absolut nicht akzeptabel sein, steuern Sie nur mit der Sprachmelodie dagegen: Am Satzende mit der Stimme herunter stoppt Vielredner; am Satzende mit der Stimme hinauf animiert zum Weitersprechen.

„Also am besten kurz und sachlich, nach der Uhr, damit niemand zu lange aufgehalten ist?"

„Jein. Im Prinzip gilt: So kurz wie möglich, so lang wie nötig. Nichts durchpeitschen, das vergiftet die Atmosphäre. Mein Jein bezog sich vor allem auf die Sachlichkeit. Sie ist wichtig, aber auch nicht das allein Seligmachende. Darüber werden wir uns auch noch unterhalten. Doch zurück zu Ihrem Arbeitsplatz: Was fehlt noch?"

„Auf den meisten Schreibtischen steht ein Turm von Ablagekörben; doch mir geht der nicht ab."

„Das kommt schneller, als Sie meinen! Wir werden dann gleich über die Vorbereitung der Unterlagen sprechen, und da werden Sie sehen, wie wichtig auch für Sie die bunten Kistchen sind. Kataloge, Preislisten, Bestellblätter, Informationsfolder, Formulare für Kurzbriefe, Faxcover – es sammeln sich schnell praktische Papiere. Und die sind nur so lange praktisch, als jedes seinen fixen Platz hat. Denken Sie daran: Sie müssen blind greifen können! Hat alles seinen eigenen Korb, haben Sie kein Durcheinander auf der Tischplatte und damit eine reelle Chance, wirklich rationell arbeiten zu können. Außerdem ist es wichtig, daß sie leere Körbe haben, um Erledigtes ablegen zu können. Vermutlich wird ein Drittel Ihrer

Kontakte mit der Aufforderung enden: 'Schicken Sie mir doch unverbindlich Ihre aktuellen Unterlagen!' Dann schreiben Sie sofort nach dem Ende des Gesprächs einen Kurzbrief, in dessen Kopf die korrekte Anschrift des Kunden zu lesen ist – und ab damit in einen eigenen Korb! Dann können Sie ohne große Erklärungen unserer Bürohilfe sagen: 'An alle Empfänger in der grünen Ablage bitte Prospekt mit Preisliste schicken!' Da kennt sich jeder aus, und wir ersparen uns Mißverständnisse. Und wenn Sie den Versand selbst machen, tun Sie sich auch leichter, weil Sie alles beisammen haben, was den gleichen Arbeitsaufwand erfordert."

> **Standardbriefe unterstützen Telefonate!**
> Beobachten Sie eine Zeitlang, auf welche Weise Ihre Gespräche enden. Die meisten werden in eine Vereinbarung münden, z.B. daß Sie Unterlagen schicken werden, daß Sie einen Termin wahrnehmen werden, daß Sie einen anderen Mitarbeiter informieren werden, daß Sie eine Kalkulation vornehmen werden, daß Sie den Kunden besuchen werden. Bereiten Sie sich standardisierte Begleitschreiben und Kurzbriefe vor. Damit schlagen Sie zwei Fliegen mit einer Klappe: Sie bereiten sich selbst optimal den Versand vor, und die Kunden erhalten ein persönliches Schreiben. Im Nachgang nach einem guten Gespräch ist das eine profimäßige Kundenbetreuung.

19

„Klingt sinnvoll", mußte Lukas zugeben, „damit kann ich leben! Jetzt ist noch Punkt sieben offen – dabei fällt mir gar kein Mangel mehr auf!"

„Der letzte Helfer auf Ihrem Schreibtisch, Herr Renner, ist Ihr Fragenmemo. Ein kleines Plakat, auf dem leicht lesbar die jeweils aktuellen Standardfragen abzulesen sind. Sie sollen sich ja auf das Gespräch konzentrieren können, da ist es ungemein störend, wenn man im Hinterkopf permanent memoriert, was man als nächstes fragen soll und was man nicht vergessen darf. Für jedes Telefonierprojekt gibt es circa fünf Standardfragen. Die schreibt man – möglichst groß, mit Maschine und gut erkennbar – auf einen Bogen und montiert ihn in Augenhöhe – zumeist auf dem Schwenkarm der Schreibtischlampe oder auf dem Ablageturm. So hat man eine verläßliche Gedankenstütze, ähnlich den Fernsehsprechern, die sich auf die blue-box verlassen können."

„Jetzt ist mein Schreibtisch komplett. Kein Vergleich, wieviel leistungsfähiger ich mich gleich fühle!"
„Die richtige Umgebung und anständige Gerätschaften sind das Um und Auf eines gelungenen Stücks. So wie jeder Friseur für seine Schere zuständig ist und jeder Fallschirmspringer seinen Rucksack selbst zu schnüren hat, so ist jeder hier im Büro für seinen Arbeitsplatz verantwortlich. Apropos Verantwortung: Natürlich sind Sie auch für die Arbeitsunterlagen verantwortlich; auch die müssen Sie selbst vorbereiten."

20

Für Ihren Schreibtisch sind Sie selbst verantwortlich!

Es ist wahrscheinlich, daß Ihre Firma Ihnen weder ein holzgetäfeltes Büro noch gemütliches Mobiliar zur Verfügung stellt. Dennoch haben Sie viele Möglichkeiten, das Beste aus den Gegebenheiten zu machen. Der Schreibtisch ist Ihr Reich, und ob Sie ein Photo der lieben Familie aufstellen oder einen Bilderrahmen für das Fragenmemo, ist allein Ihre Sache. Schöpfen Sie alles aus, was Ihnen nützlich erscheint, und zeigen Sie Eigeninitiative. Die Gestaltung Ihres Arbeitsplatzes liegt gänzlich in Ihrer Verantwortung.

„Eine Produktbroschüre und die dazugehörenden Preislisten habe ich mir schon besorgt. Das gehört wohl zu den Unterlagen? Aber ich bin sicher, Frau Wollner, Sie verpassen mir noch mehr."
„Da will ich Sie nicht enttäuschen! Wir haben diesen Teil der Arbeitsunterlagen auch schon gestreift, als wir über die möglichen Inhalte der Ablagekörbe sprachen. Zu Ihrer Ausrüstung gehören: Kataloge, Informationsfolder, Formulare für Kurzbriefe, Faxcover, Bestellblätter.
Die Bestellblätter sind ganz wichtig. Gleichgültig, ob jemand ein Produkt ordert, Sie um einen Prospekt bittet oder ein weiterführendes Gespräch mit einem unserer Techniker wünscht – man gibt Ihnen einen Auftrag, das heißt, nach dem Gespräch besteht für Sie ein Handlungsbedarf. Und genau den müssen Sie dokumentieren! Der Kunde hat bei Ihnen eine Tat bestellt, und diese Bestellung gehört auf ein Bestellformular; sofort! Das ist unsere einzige Waffe gegen das Vergessen! Ein vergessener Wunsch ist ein vergessener Mensch – überlegen Sie einmal: Wie fühlen Sie sich, wenn jemand Sie vergißt?"

„Besch ..."

„Eben! Also wollen wir alles tun, daß sich unsere Kunden nicht beschädigt, sondern entschädigt fühlen! Der Bestellblock ist Ihr verläßlichster Verbündeter gegen das Vergessen."

„Schon, schon. Aber wie ich mich kenne, brauche ich auch noch eine Mappe, um meine Protokollblätter zu sammeln. Sonst vergesse ich dort etwas."

„Mit einer Mappe werden Sie nicht auskommen, wenn Sie mehr wollen, als Ihren Kuddelmuddel elegant zu tarnen. Sie brauchen einen Arbeitsordner, in dem alle Gesprächsprotokolle untergebracht sind, die Sie zur Zeit bearbeiten. Dazu haben Sie sieben Abteilungen, die jeweils durch einen Registerkarton voneinander getrennt sind. Die erste heißt HEUTE, die darauffolgende NACHMITTAG. Telefonieren Sie also am Vormittag und Sie werden gebeten, sich nachmittags noch einmal zu melden, dann heften Sie das Blatt sofort um und nehmen es erst nach der Mittagspause wieder in die Hand. Weiters gibt es solche Fächer mit DIENSTAG, MITTWOCH, DONNERSTAG, FREITAG und NÄCHSTE WOCHE."

„MONTAG gibt es keinen?"

„Nein, das wäre nicht sinnvoll. Entweder Sie arbeiten an einem Montag, dann sind Sie in der Abteilung HEUTE, oder Sie telefonieren an einem anderen Wochentag, dann gehört der kommende Montag zu NÄCHSTE WOCHE. Das System soll ja die Übersichtlichkeit steigern, nicht alles verkomplizieren. Nehmen wir an, Sie sprechen mit der Sekretärin einer Zielperson, und die sagt Ihnen, Herr XY wäre übermorgen wieder im Haus ..."

„... Wenn mir das an einem Dienstag passiert, dann lege ich das Protokoll gleich in das Fach DONNERSTAG. Und am Donnerstag hole ich mir die Sachen zu meinem HEUTE-Pensum, und schon läuft alles wie am Schnürchen! Wozu brauche ich dann eigentlich einen Kalender?"

„Weil Sie so nicht festhalten können, daß Herr YZ in drei Wochen aus dem Urlaub zurückkommt. Sie können ohne Kalender auch nicht sagen, daß Sie am elften des Folgemonats leider nicht anrufen können, weil das ein Mittwoch ist, und da haben Sie ein Seminar. Außerdem ist es günstig, manches doppelt zu vermerken, wenn man auf eine Möglichkeit gerade nicht achtet."

„Doppelte Buchhaltung auf Terminplanung?"

„Wenn Sie so wollen! Entscheidend ist, daß man sich Unterstützungen einbaut, wo immer es geht, denn nur so hat man den Kopf frei für anderes."

> **Telefonieren erfordert Konzentration!**
> Die äußere Ordnung des Arbeitsplatzes wirkt automatisch auf den Menschen, der daran arbeitet. Wenn nichts stört und ablenkt, bleiben die Gedanken bei der Sache. Sich zu konzentrieren heißt auch, sich auf ein Ziel auszurichten, sich zu strukturieren, sich zu systematisieren. Und sich zu systematisieren heißt, Erfolg zu haben. Gerade im Umgang mit dem Telefon ist Konzentration eine Erfolgsgarantie, weil nur durch vollkommene Ausrichtung aller Energien auf das Gespräch alle Nuancen des Hörens und Sprechens ausgeschöpft werden.

„Gut, das wäre also die eine Mappe. Welche habe ich noch?"

„Ich rate Ihnen zu einem weiteren Ordner, in dem Sie, basierend auf den Gesprächsprotokollen, eine laufende Kundenevidenz führen. Die ist zumeist alphabetisch aufgebaut, manchmal auch nach Produktgruppen oder Liefervolumen – das entscheidet sich nach Bedarf. Solange wir nicht mit EDV arbeiten, empfiehlt es sich, immer nach dem Naheliegendsten zu systematisieren. In dieser Kundenkartei sammeln Sie alle Informationen, die Sie von einem Kunden wissen."

„So eine Art Firmensteckbrief?"

„Wenn Ihnen klar ist, daß eine Firma nichts anderes ist als eine Gruppe lebendiger Menschen, mit Freuden und Leiden, Sorgen, Nöten, Vorlieben und Abneigungen, dann sagen Sie meinetwegen ‚Firmensteckbrief'. Ich nenne es immer ‚Patientenpanorama'. ‚Patienten' erinnert mich stets daran, daß Menschen etwas sehr Verletzbares sind, daß man auf diese speziellen Menschen sehr achtgeben muß, denn sonst sterben sie dem Unternehmen als Partner weg. Und wir sind ja gerade dazu da, sie am Leben zu erhalten."

> **Behandeln Sie Menschen individuell!**
> Firmen sind Mengen von Menschen. Mit Stärken und Schwächen, liebenswerten und unangenehmen Eigenschaften. Auch wenn es verführerisch ist, alle in einen Topf zu werfen:

> Nehmen Sie jeden Menschen in einem Betrieb als Individuum wahr und behandeln Sie ihn speziell. Lassen Sie den Zorn, den Sie auf die Telefonzentrale haben, nicht an der Sekretärin aus, zu der Sie weiterverbunden werden, und übertragen Sie auch auf Ihre Zielperson keine Emotionen, die vorher ausgelöst wurden. Telefonprofis sind darin geschult, immer wieder von neuem freundlich zu sein.

„Das ist gut, daß Sie diesen Aspekt jetzt ins Spiel bringen. Ich bin mir nämlich mit all den Karteien schon wie ein Buchhalter vorgekommen. Ordnung soll zwar das halbe Leben sein, aber mir liegt die andere Hälfte mehr!"

„Das kenn' ich! Mir ging's genauso, als ich angefangen habe. Mir war das ständige Sortieren auch zuwider; also hab' ich schon aus Trotz genau das nicht gemacht, was mein damaliger Chef mir aufgetragen hatte. Dann bin ich in meinem Durcheinander, das ich sehr bald nicht mehr überblickt habe, regelrecht untergegangen. Schließlich hab' ich mir überlegt, wie ich mein Tun rationeller gestalten kann, hab' dabei das Rad fast neu erfunden, und am Ende war ich mehr oder weniger dort angelangt, wo mein Chef mich haben wollte. Machen Sie sich also nichts daraus; die anfängliche Abneigung spricht für Sie – aber glauben Sie mir: Das strenge Katalogisieren ist das geringere Übel. Nach der ersten schlaflosen Nacht, in der Sie sich den Kopf zergrübelt haben, ob Sie eine Terminoption versäumt haben oder nicht, ob eine Notoperation fällig ist oder nicht, wenden Sie die nervenschonendere Methode an. Wenn Sie so wollen, ist auch ein Jockey nur ein Kutscher – aber was für einer!"

„Meinen Sie damit, daß man bei dem Job die Zügel so fest in der Hand haben muß, weil die Rösser so kraftvoll sind?"

„Ich meine vor allem, daß man lernen muß, sich zu zügeln, damit man seine Energien zum Erfolg traben lassen kann. Und als Jockey zügelt man prestigeträchtiger als Trödelkutscher. Aber zurück zu unseren Patienten! Auf diesen Bögen muß wirklich alles verzeichnet sein, was Sie wissen. Wer Ihre Kontaktperson ist? Welche Stellung? Gibt es einen Stellvertreter? Wie heißt die Sekretärin? Was hat sie für Macken? Welche Hobbies hat die Zielperson? Was wurde wann zuletzt zu welchem Zweck gekauft?

Wie war die Gesprächsatmoshäre? Worauf muß man achten? Es gibt tausenderlei Dinge, die man schnell wieder vergißt und die ein andermal nützlich sein können. Außerdem – so leid es mir tut, das ungeschminkt zu sagen: Sie werden diesen Job nicht ewig tun. Und dann soll ein anderer mit den Unterlagen, die Sie hinterlassen, weiterarbeiten können. Wir benötigen dringend eine lückenlose Dokumentation unserer Kundenkontakte, um die Servicequalität überprüfen zu können. Für jedes Produkt gibt es eine Rezeptur, damit man nachsehen kann, wie man das macht. Unser Produkt heißt 'zufriedener Kunde', und das jeweilige Rezept steht im Patientenpanorama!"

„Klingt schlüssig. Das wird aber ein sattes Stück Arbeit, alle hier in der schwarzen Leichenmappe zu reanimieren und die Operationsberichte zu schreiben!"

„Leichenmappe??!! Sie bekommen sofort einen roten statt des schwarzen Ordners! Hören Sie bloß auf, in so negativen Begriffen zu denken. Sie verwalten im Augenblick ein gewaltiges Firmenkapital! Das sind keine toten Hunde, das sind Bären im Winterschlaf!"

23 Denken und sprechen Sie in positiven Begriffen!

Durchforsten Sie Ihr Denken und Sprechen. Achten Sie darauf, wie Sie, ganz für sich persönlich, Dinge und Menschen, die mit Ihrer Arbeit in Beziehung stehen, benennen. Es macht einen enormen Gefühlsunterschied, ob man sich als Kontaktmanager oder als Marktschreier bezeichnet; ob man Nummern anruft oder Interessenten. Überlegen Sie, was Sie sich mit manchen Worten suggerieren, und probieren Sie, ob Sie mit einer anderen Wortwahl auch andere Gefühle hervorrufen können.

„Oh-Gott-oh-Gott! Ich wollte niemandem weh tun. Nur weil dieser Chanon gar so traurig wirkte, hab' ich ihn nur für mich so genannt. 's ist mir halt so 'rausgerutscht."

„War ja sehr gut, daß Ihnen das herausgerutscht ist! Nur so konnten wir darüber reden. Nicht auszudenken, wenn Sie diese Einstellung lange in das Projekt hineingetragen hätten. Da nehmen Sie sich ja Ihre ganze Verve! Wer schminkt denn schon mit allem Engagement Leichen? Und das wollen wir: Daß Sie sich voll und ganz engagieren!"

„Bei den knallbunten Mappen und Körben auf meinem Schreibtisch kann ich gar nicht anders, als unter Volldampf zu stehen. Am liebsten würd' ich, nach allem, was ich gerade von Ihnen gehört habe, gleich loszischen. Doch vorher will ich noch einmal auf die Verantwortung zurückkommen. Ich bin also für mein Sachwissen zuständig, für meinen Arbeitsplatz und für die Unterlagen. Trotzdem brauche ich aber andere, die mir Informationen, Ablagekörbe und Preislisten geben, da bin ich also abhängig. Entweder ich habe die Verantwortung, oder ich bin abhängig – das schließt sich doch aus!"

„Nicht wirklich, denn Sie haben die Verantwortung, den anderen zu sagen, was Sie brauchen. Dann sind Sie zwar so lange abhängig, wie es braucht, Ihren Wunsch zu erfüllen oder abzulehnen, aber dann haben schon wieder Sie die Verantwortung, mit der Ablehnung entweder fertig zu werden oder einen neuen Anlauf zu nehmen. Auf diese Weise braucht man auf niemanden bös' zu sein, wenn etwas nicht klappt, und im gegenteiligen Fall steht einem die ungeteilte Freude zu. Und weil wir gerade bei der Freude sind, machen wir Schluß für heute."

> **Übernehmen Sie Verantwortung!**
> Für Ihren Gesprächspartner sind Sie das Unternehmen. Alles, was Sie ausstrahlen, wird er auf das Produkt übertragen. Hat er von Ihnen und von Ihrem Verhalten einen positiven Eindruck, wird er eher an Ihrem Angebot interessiert sein, als wenn er erst davon überzeugt werden muß, daß zwar das Erzeugnis Qualität hat, die Mitarbeiter des Unternehmens jedoch weniger. Solange Sie am Telefon agieren, sind Sie für alles verantwortlich, was an Informationen durch Sie nach außen dringt. Sie sind die Stimme des Unternehmens. Gestalten Sie diese spannende Aufgabe wie ein Profi!

„Ja, Frau Wollner, mir flimmert es nach der großen Menge an Information ein bißchen vor den Augen. Die Freude nehm' ich jetzt mit nach Hause und bring' sie morgen wieder mit! Danke für die letzte halbe Stunde."
„Auf morgen, Herr Renner, ich wünsche Ihnen einen angenehmen und geruhsamen Abend; es wird noch viele halbe Stunden geben. Pflegen Sie die Freude!"

25

Pflegen Sie die Freude!

Haben Sie in der letzten Zeit überlegt, was Ihnen Freude macht? Wann Sie Freude spüren? Wie Ihnen zumute ist, wenn Sie Freude haben? Wie es Ihnen geht, wenn Sie anderen Freude machen? Es gibt während eines Arbeitstages viele winzige Gelegenheiten, Freude zu haben und Freude zu machen. Genießen Sie und zelebrieren Sie diese. Freude strahlt durch jedes Kabel und kommt auch wieder zurück! Jeder Job kann Freude machen – wenn Sie es zulassen!

ÜBERSICHT

▶ Was man vorbereiten kann

- ❑ sich selbst
- ❑ den Arbeitsplatz
- ❑ die Arbeitsunterlagen

▶ Gut gerüstet an den Start

- ❑ sich über die eigene Firma informieren
- ❑ sich über die eigenen Produkte informieren
- ❑ sich über die Kontaktpersonen informieren
- ❑ sich über Branche und Erzeugnisse der Kunden informieren

▶ Sieben Helfer auf dem Schreibtisch

- ❑ Bleistift (funktionstüchtiges Schreibgerät)
- ❑ Protokollblätter
- ❑ neutraler Block
- ❑ Kalender mit Viertelstundeneinteilung
- ❑ Uhr mit Weckfunktion
- ❑ Ablagekörbe
- ❑ Fragenmemo

▶ Arbeitsunterlagen den letzten Schliff geben

- ❑ Produktbroschüre
- ❑ Preisliste
- ❑ Bestellblock
- ❑ Registermappe mit Einteilung:
  HEUTE / NACHMITTAG / DIENSTAG / MITTWOCH / DONNERSTAG / FREITAG / NÄCHSTE WOCHE

PROTOKOLLBLATT

Firma: . . . .   Datum: . . . .
Name: . . . .
Stellung: . . . .   Uhrzeit: . . . .
Sekretärin: . . . .
Tel.-Nr.: . . . .   Folgetelefonat: . . . .
Ort: . . . .
Straße: . . . .

GESPRÄCHSZIEL

ANLIEGEN DES ANDEREN

WO GIBT ES PROBLEME?

WIE SEHEN DIE LÖSUNGEN AUS?

VEREINBARUNG	**SONSTIGES**
ANMERKUNGEN	**RESÜMEE**

FRAGENMEMO

ICH SUCHE KONTAKT MIT IHNEN, WEIL ...

WIE SIND IHRE ERFAHRUNGEN MIT ...

SIE HABEN SICHERLICH VORLIEBEN/GRUND-
ERFORDERNISSE/PRIORITÄTEN

DARF ICH NACH IHREN ENTSCHEIDUNGS-
KRITERIEN FRAGEN?

WAS IST FÜR SIE EINE GUTE LÖSUNG?

ICH MÖCHTE SIE LEDIGLICH INFORMIEREN

WELCHE VERSION IST FÜR SIE DIE GÜNSTIGSTE?

DANKE!

2 STÖRUNGEN

Als Lukas Renner am nächsten Tag im Büro auftaucht, ruft ihm die Empfangsdame nach: „Sie sollen gleich in die Verkaufsdirektion kommen. Herr Doktor Weissenstein erwartet Sie!" Also schlägt er einen Haken und geht auf die offene Tür, die er vom Einstellungsgespräch her kennt, zu. Dort wird er von einem schlanken Mittfünfziger und einer jüngeren Frau begrüßt.

„Guten Morgen, Herr Renner", kommt der Verkaufsdirektor ihm entgegen; „Frau Bach, darf ich Ihnen Kollegen Renner vorstellen! Sabine Bach, Herr Renner wird ab heute das Zimmer mit Ihnen teilen, und ich möchte Euch beiden das Kennenlernen erleichtern bzw. einige Situationen vorbeugend durchspielen."

„Glauben Sie, daß wir uns nicht vertragen werden?" versuchte Lukas auszukundschaften, was hier gespielt werden sollte. Und Sabine Bach vergewisserte sich: „Gibt es Schwierigkeiten bei der Zuordnung der Arbeiten?"

„Daß Ihr so reagiert, zeigt mir, wie gut es ist, hier ein Gespräch zu führen. – Da kommt auch schon unser Kaffee; Danke fürs Bringen. – Sie werden beide telefonieren, und keiner von Euch beiden hat Erfahrung in dem Metier. Da muß vorab einiges geklärt werden. Sehen Sie, das Telefon erfordert Aufmerksamkeit; gut konzentrieren kann man sich aber nur, wenn man nicht abgelenkt wird. Wir sollten also überlegen, wie Ihr einander am wenigsten stört."

Behandeln Sie das Telefon noch aufmerksamer als einen Gast!

26

Gerade wenn Ihr Gesprächspartner nicht physisch anwesend ist, gebührt ihm ungeteilte Aufmerksamkeit. Erstens, weil Sie all Ihre Energie zur Konzentration benötigen. Zweitens, weil der Telefonpartner intuitiv erfaßt, daß Sie nicht ganz bei der Sache sind – und das ist eine Mißachtung des anderen. Widmen Sie sich uneingeschränkt Ihrem Gesprächspartner, mit der gleichen Achtung, die Sie selbst erfahren möchten, wenn Sie in der Rolle des Gastes sind.

„Daran habe ich auch schon gedacht", murmelte Sabine Bach.

„Immer heraus mit der Sprache! Nicht so zaghaft, Frau Bach. Hier wollen wir ja Bedenken im Kaffee auflösen, damit sich niemand überfahren fühlt. Woran haben Sie gedacht?" hakte Dr. Weissenstein nach.

„Das Zimmer ist zwar hell und angenehm, aber nicht besonders groß. Ich kenne das ja aus der Lagerverwaltung: Wenn man telephoniert und neben einem wird gesprochen, versteht man plötzlich nichts mehr!"

„So ist es! Wir werden versuchen, das Regal in Ihrem Zimmer als Raumteiler aufzustellen. Mit einigen Ordnern und Aktenbündeln dürfte das schon einiges an Geräusch schlucken."

„Vorhänge wären nicht nur hübsch, sondern sie dämpfen auch", regte die Ästhetin an. „Solange es nicht chinesischer Seidenbrokat ist, ist mir fast alles recht", schlägt der Verkaufsdirektor gespielt erschrocken die Hände über dem Kopf zusammen.

„Wenn wir manche Störquellen von vornherein ausschalten, ist wahrscheinlich auch schon viel gewonnen", brachte nun Lukas ein. „Solange ich vor mich hin arbeite, summe ich meistens irgendwelche Melodien; manchmal schlage ich mit dem Absatz auch noch den Takt dazu. Das macht meine Freundin ganz wild. Ich will mich bemühen, das abzustellen ..."

„... sonst fauche ich quer durch den Raum!" warnte Sabine Bach und strahlte ihn an. „Und wenn der kleine Klopfgeist in mir Sie zu nerven beginnt, dann sagen Sie bitte auch Bescheid", bat sie.

„Eine der ärgsten Störungen besteht natürlich darin, daß Kollegen auf einen einzureden versuchen, während man telephoniert. In dieser Situation haben Sie meine Erlaubnis und mein Verständnis, unfreundlich zum Störenfried zu sein – allerdings erst nachdem Sie mit der Hand die Sprechmuschel abgedeckt haben. Zumeist genügt es aber, grimmig zu schauen oder sich mit dem Körper abzuwenden bzw. eine abweisende Handbewegung zu machen. Lassen Sie sich nicht ablenken und erziehen Sie Ihre Umwelt dazu, das zu respektieren!"

27

Vermitteln Sie Diskretion!

Wenn es wirklich unvermeidbar ist, während eines Telefonats mit einem anderen Kollegen etwas kurz zu besprechen, dann informieren Sie Ihren Gesprächspartner darüber und gewährleisten Sie dann, daß er nicht mithören kann. Das gelingt Ihnen entweder, indem Sie auf Ihrer Telefonanlage das Gespräch kurzfristig auf Warteposition legen, oder, wenn Sie einen einfachen Anschluß haben, indem Sie für die Dauer der Kurzinformation an den Kollegen irgendeine Taste Ihres Telefons drücken bzw., wenn Sie ein Wahlscheibenmodell haben, die Nummer „1" gewählt halten; damit wird kurzfristig der Kontakt unterbrochen. Die unglücklichste Methode, aber besser als gar nichts, ist es, mit der Hand die Sprechmuschel fest abzudecken. Hierbei kann man meistens gedämpft mithören. Dieses Mithören kann gefährlich sein, denn auch die harmloseste Information kann im Ohr Ihres Gesprächspartners falsch aufgenommen werden. Darüber hinaus können Sie nur auf einem Wege Ihren Gesprächspartnern vermitteln, wie sorgsam Sie mit (seiner) Information umgehen: Indem Sie ihn erleben lassen, wie Sie andere behandeln. Dort, wo er selbst nicht aus Achtlosigkeit Mitwisser wird, kann er darauf vertrauen, daß andere seine Interessen nicht durchkreuzen werden.

„Wird man uns dann nicht bald zu unnahbaren Bestien stempeln?" erkundigte sich Lukas.

„Das ist unwahrscheinlich, solange Sie sich hinterher beim betreffenden Kollegen erkundigen, was los gewesen wäre, und Sie ihm Ihren Standpunkt noch einmal erläutern. Ich will weder unkooperatives Verhalten anregen noch schlechte Sitten propagieren – ich will klarlegen, daß in diesem Betrieb jeder ein Recht darauf hat, seine Arbeit unbeeinträchtigt zu verrichten; das liegt schließlich im Interesse des ganzen Unternehmens! Und dieses Recht darf sich jeder jederzeit einklagen. Aus diesem Recht erwächst ihm auch die Pflicht, die Rechte der anderen Mitarbeiter zu achten. In unserem Fall also die Verpflichtung, sich sofort nach dem Abschluß des Gesprächs um die Wünsche des Kollegen zu kümmern. Auf diese Weise merken die Leute sehr bald, daß Ihr keine giftigen Ungeheuer seid und daß sie Euch auch nicht löchern müssen, um auf ihre Rechnung zu kommen."

„Jetzt dürften wir mit landläufigen Störungen ganz gut zu Rande kommen", war Lukas zuversichtlicher als Sabine Bach. „Ich bin mir nicht ganz sicher, ob ich das so cool bringe", zweifelte sie, „schließlich kenne ich ja die Leute im Haus und weiß, daß jeder erst auftaucht, wenn es brennt. Da kann man die Kollegen nicht einfach wegschicken wie ungezogene Kinder."

„Wenn es wirklich brennt, Frau Bach, dann können Sie, solange Sie an der Strippe hängen, auch nicht löschen. Das werden lauter halbe Sachen", verdeutlichte Dr. Weissenstein seine Strategie. „In Gottes Namen deuten Sie auf den Sessel neben Ihrem Schreibtisch, sodaß der Hilfesuchende das Gefühl bekommt, er kann darauf warten und gleich nach dem Telefonat ist er an der Reihe. Manchmal wollen die Leute ja nur sichergehen, daß man ihr Anliegen nicht vergißt."

„Das gefällt mir besser! So weiß jeder, daß er bekommt, wonach er verlangt. Das ist ja auch ein neues Rollenverhalten für mich, an das ich mich noch gewöhnen muß."

„Natürlich ist mit Ihrem neuen Aufgabengebiet auch ein neues Verhaltensrepertoire verbunden. Ich freue mich, daß Sie sich innerhalb unseres Unternehmens ein neues Berufsfeld erobern wollen – dazu gehört natürlich auch ein verändertes Auftreten!" bestätigte der Verkaufsdirektor.

28 Passen Sie Ihr Verhalten Ihrer Funktion an!

Perfekt zu telefonieren heißt auch, sich den Anforderungen entsprechend zu verhalten. Wie ein Schauspieler, der als Hamlet auf der Bühne anderes tut als als Romeo. Ihre Bühne ist der Arbeitsplatz, und Ihre Rolle ist die des Telefonprofis. Wenn Sie nach Hause gehen, können Sie sich getrost „abschminken" – aber Ihre Rolle als Telefonprofi erfordert professionelles Agieren. Dann ist Ihnen der Applaus sicher.

„Verleitet so ein wartender Besuch bei einem Kollegen nicht zum Plaudern?" versuchte Lukas sich zu orientieren. „Zum Plaudern gehören immer zwei, Herr Renner", mahnte Dr. Weissenstein. „Sie wissen in dieser Situation am besten, wie stressig die Lage für Ihre Zimmergenossin ist – und umgekehrt; hier für Ruhe zu sorgen und keine Witze zu reißen, ist oberstes Gebot. Wie wollen Sie denn Ihre Regeln in der Kollegenschaft verbreiten, wenn Sie sich selbst nicht daran halten?"

Da war 'was Wahres dran, mußte sich Lukas eingestehen. Und auch Sabine Bach nickte betroffen. „Fürs erste, dünkt mich, haben wir die notwendigen Weichen gestellt, um Eure Arbeitsqualität zu sichern", drängte nun Dr. Weissenstein zum Aufbruch. „Ich begleite Sie noch in Ihr Domizil und schaue, wie der Umbau gediehen ist."

Die drei fanden einen völlig veränderten Raum vor, der aber rundum gefiel. „Die Vorhänge würde ich mir zwar daheim nicht aufhängen, aber zum Wegwerfen sind sie schon zu schade", anerkannte Sabine Bach die architektonischen Veränderungen. „Die beiden Arbeitsplätze sind wirklich optisch gut voneinander getrennt, das wird sich auch auf die Akustik auswirken", quittierte Lukas Renner die gelungene Umstellung. „Wenn wir die Hälse lang machen, können wir einander trotzdem sehen; das gefällt mir; so ist niemand in Einzelhaft." „Ein Mann, ein Wort – eine Frau, ein Wörterbuch!" ätzte Lukas und handelte sich eine entsprechende Replik von der Kollegin ein: „Schatullendenker; typisch Mann – in Ehren ergraute Anwesende ausgenommen! Ich wette, Sie sind der erste, der seinen Plauderdrang nicht wird zügeln können!" „Wette angenommen," willigte der Attackierte ein und freute sich im Hinterstübchen schon auf die nächste Schmähpartie. „Diese Zimmergemeinschaft dürfte funktionieren", dachte sich auch Dr. Weissenstein und lächelte befriedigt. Dabei strahlte er jene bezeichnende warme Offenheit aus, die jedoch nicht darüber hinwegtäuschte, daß er – wenn es sein mußte auch mit aller Härte – eisern seine Ziele verfolgte und dazu geeignete Maßnahmen entsprechend umsetzte.

Lukas hatte es sich in der Zwischenzeit wieder an seinem Schreibtisch bequem gemacht, hatte sich mehr auf den Stuhl geknotet als gesetzt, und Sabine benützte genau soviel von der Sitzfläche, daß sie gerade nicht herunterfiel.

Ursprünglich hatte sich der Verkaufsdirektor zu diesem Zeitpunkt mit einem frohen Gruß verabschieden wollen, doch nun bildete sich die berühmte steile Falte auf seiner Stirn. Er griff nach der Zeitung, gab seinen zwei neuen Mitarbeitern je eine Beilage der Ausgabe und vergewisserte sich: „Ist das Ihre gewohnte Arbeitshaltung?" „Ja", bestätigten beide unisono. „Nun, Herr Renner, dann lesen Sie mir bitte den ersten Absatz vor."

Lukas verstand nicht so recht, aber begann: „Sydney. Nach heftigen ... (schnauf) ... Regenfällen in den vergangenen ... (schnauf) ... Tagen mußte die traditionelle ... (schnauf) ... Regatta vor der australischen ... (schnauf) ... Metropole abge- ... (schnauf) ... sagt werden." „Danke, das genügt, und nun Sie, Frau Bach." Sabine schluckte, schluckte noch einmal, räusperte sich verlegen und piepste: „wie inoffizielle meldungen aus brüssel bestätigen wird noch in den nächsten tagen ..." „Lauter, bitte, Frau Bach", mahnte Dr. Weissenstein. „... eine einigung über die künftigen agrarpreise erzielt werden die vertreter der gemeinschaft zeigen nur nach außen verhärtete fronten kompromißfähige lösungen sind prinzipiell für alle verfügbar ... " „Danke. Das reicht", beendete der oberste Verkäufer das schlimme Spiel. „Ich habe mein Diktiergerät mitlaufen lassen. Jetzt hören wir uns das Ganze einmal gemeinsam an."

29 Benützen Sie ein Pocket-Memo!

Es muß kein High-Tech-Spielzeug sein; ein billiges Abspielgerät mit Aufnahme- und Wiedergabefunktion reicht für den Anfang. Damit haben Sie einen vielseitigen Helfer zur Hand. Die beiden Kernfunktionen: Erstens können Sie schnelle Gedanken auch dort festhalten, wo kein Notizblock zur Hand ist. Zweitens können Sie sich immer wieder beim Telefonieren aufnehmen. Auch das hat wieder zwei Vorteile: Erstens können Sie sich kontrollieren und bemerken Ihre Fortschritte. Zweitens haben Sie von schwierigen Gesprächen ein lückenloses Protokoll. Das erleichtert Ihnen beim Telefonieren die Konzentration auf das Gesprächsziel und hinterher die Nachlese. Nicht die kleinste Randbemerkung gerät in Vergessenheit; Sie können das Gespräch so oft wiederholen, bis alle Informationen verarbeitet sind.

„Sidn.. Na.h .eftig.n <Pause> Reg.nfel..n in de. veagangen.. <Pause> Tag.n muste di. tradizionel.. <Pause> .egatt. voa de. austal.sche. <Pause> Metropol. abge <Pause> sagt wead.n – – – wI – InoffIzIelle – meldugen – aus – brisl – bestetIgn – wIrd – noch – In – dIe – nächste – tage – eine – einigug – iber – dIe – kinftIgn – agrapreise – erzIIlt – werdn – dI – fertreter – der – gemeinschaf – zeige – nua – nach – außen – verhertete – fronte – kompromIsfehIge – lösungen – sInd – pInzIpIell – fia – alle – ferfigba."

Nach der Vorstellung war Lukas einen Kopf kleiner und Sabine kreidebleich, sodaß ihr bis dahin dezentes Make-up plötzlich wie Bühnenschminke wirkte. Ihre Stimme zitterte mit ihrem Körper, als sie hervorbrachte: „Oh, wie fürchterlich." „Nachrichtensprecher ist an mir keiner verloren gegangen", sinnierte Lukas Renner halblaut.

„Kein Grund für Grabesstimmung, Ihr Lieben", greift Dr. Weissenstein ihnen nun sanft unter die Arme. „Das Stichwort ‚Nachrichtensprecher' ist wunderbar! Sehen wir uns einmal an, was Eure Tätigkeit mit der eines Nachrichtensprechers gemeinsam hat."

LIEBER LESER, BITTE ÜBERLEGEN SIE MIT:

Was haben Nachrichtensprecher und Telefonprofis gemeinsam?

___
___
___
___
___
___
___
___

Was unterscheidet Nachrichtensprecher und Telefonprofis?

___
___
___
___
___
___
___
___

„Im weitesten Sinne verbreiten auch wir Nachrichten." „Wir setzen unsere Stimme ein." „Wir sehen die Leute nicht, mit denen wir reden." „Wir sollen nicht nur Worte aneinanderreihen, sondern den Text irgendwie gestalten."

„Na, phantastisch!" war Dr. Weissenstein gleich begeistert. Sehen wir uns nun einmal an, welche Tricks die Rundfunkleute anwenden, denken Sie zuerst an die Körperhaltung. Wie sitzt ein Nachrichtensprecher, eine Ansagerin?"

„Gerade, aufrecht, manche stehen sogar."

„Und warum tun sie das?" wollte Dr. Weissenstein wissen.

„Vorhin, als mein ganzer Körper bibberte, da schlotterte ich mit den Knien und mit der Stimme. Vielleicht ist das auch umgekehrt: Wenn man fest sitzt, dann ist auch die Stimme fest und überzeugend?!" tastete sich Sabine Bach vor.

„Probieren Sie es doch!" trug Dr. Weissenstein ihr sogleich auf, „verteilen Sie Ihre vier Buchstaben gleichmäßig über die Sitzfläche, stellen Sie die Füße auf den Boden und verstellen Sie die Rückenlehne so, daß sie Sie unterhalb der Schulterblätter stützt. Übereinandergeschlagene Beine wirken in einem Fauteuil sehr zierlich, sind jedoch keine günstige Arbeitsstellung!"

Sabine nahm die für sie noch sehr ungewohnte Position vorsichtig lavierend ein und spürte: „So habe ich wirklich viel mehr Sicherheit. Das tut richtig gut."

Lukas hatte die Szene mit Argwohn betrachtet und meinte ablehnend: „So brav bin ich ja nicht einmal in der Volksschule bei der Zeugnisverteilung dagesessen!"

Präsentieren Sie sich korrekt!

Bemühen Sie sich – auch wenn es anfangs schwerfällt – den Kunden gegenüber um eine korrekte Haltung. Diese korrekte Haltung spiegelt sich körperlich, geistig und in Ihrem Tun! Alle drei Ebenen gehören zusammen, und am leichtesten fällt es Ihnen, wenn Sie sich auf allen Ebenen um Korrektheit bemühen – alles andere ist Selbstboykott!

„Als nächstes bekommen Sie einen anständigen Schreibtischstuhl. Auf dem kann niemand mit Ihrer Größe ordentlich sitzen. Das sehe sogar ich ein. Wie Sie sonst im Ambiente hängen, geht mich nichts an. Aber unseren Kunden gegenüber legen Sie bitte eine

korrekte Haltung an den Tag – körperlich, geistig und in Ihrem Verhalten", beendete der Verkaufsdirektor die Diskussion.
Mit dem neuen Sessel ausgerüstet empfand Lukas die empfohlene Sitzposition gar nicht mehr als Vergewaltigung. Er war verblüfft. Was Kleinigkeiten doch manchmal bewirken! „Richtig entspannt sitze ich aber nicht", bekrittelte er. „Sie sollen auch gar nicht entspannt sitzen; entspannt ist fast soviel wie schlapp. Sie sollen gespannt, aber nicht verspannt sein. Gegen eventuelle Verspannungen machen Sie am besten immer nach drei Telefonaten ein paar ausgleichende Übungen. Länger als zwanzig, maximal fünfundzwanzig Minuten hält man keine Stellung aus, auch nicht die bequemste.

Machen Sie Pausen!
Volle Konzentration hält der menschliche Organismus nur 25 Minuten aus! Alles, was darüber hinausgeht, macht Sie fehleranfällig. Wenn Sie nach diesen 25 Minuten – also nach ca. drei Telefonaten – eine Drei-Minuten-Pause einlegen, sind Sie wieder für 25 Minuten voll fit. Je öfter Sie zu einem Zeitpunkt, an dem Sie die Müdigkeit noch nicht merken, eine kurze Pause machen, desto dauerhafter bleiben Sie leistungsfähig. Sobald Sie die Müdigkeit registrieren, ist nachhaltiges Auftanken notwendig! Die unscheinbaren Drei-Minuten-Pausen können Sie relativ unbemerkt auch am Arbeitsplatz machen. Sie sollten sich dennoch jede Stunde ein wenig die Füße vertreten; auch wenn Sie nur bis zum Waschraum gehen und wieder zurück! Für längere Pausen sollten Sie auf jeden Fall einen anderen (ruhigen) Ort (Waschraum) aufsuchen und bewußt einige Entspannungsübungen machen.

Ihr Körper soll gespannt sein, damit hat auch Ihre Stimme Spannung, Sie können einen Satzbogen spannen, ohne zwischendurch in Atemnot zu geraten, und der Zuhörer lauscht gespannt. Mit einem Wort: eine spannende Geschichte!"

Erzeugen Sie Spannung!
Spannung entsteht überall dort, wo Aktionsbereitschaft waltet. Wenn Sie bereit sind, etwas zu leisten, und das Telefon für Sie zum Sportgerät wird, sind Sie gespannt. Ein gespannter Körper verleiht eine gespannte Stimme. Eine gespannte Stimme führt ein

> spannendes Gespräch. Dann ist auch Ihr Telefonpartner gespannt, was Sie zu bieten haben, und neugierig auf seinen Nutzen.

Sabine und Lukas waren beeindruckt. „Jetzt bin ich gespannt, was Ihr weiterhin tun werdet", verabschiedete sich Dr. Weissenstein, „Glück auf!"

Das Diktiergerät hatte er liegen gelassen, und Sabine spielte unsicher damit herum. „Ich möchte mir die Horrorsequenz noch einmal anhören", bat Lukas. „Gut", meinte sie, „ich war mir nicht sicher, ob ich mir das noch einmal antun soll." „Ein letztes Mal, dann vernichten wir's, damit der böse Spuk vorbei ist!" besiegelte Lukas das Abkommen seinerseits.

„Sidn.. Na.h .eftig.n <Pause> Reg.nfel..n in de. veagangen.. <Pause> Tag.n muste di. tradizionel.. <Pause> .egatt. voa de. austal.sche. <Pause> Metropol. abge <Pause> sagt wead.n - - - wI – InoffIzIelle – meldugen – aus – brisl – bestetIgn – wIrd – noch – In – dIe – nächste – tage – eine – einigug – iber – dIe – kinftIgn – agrapreise – erzIIlt – werdn – dI – fertreter – der – gemeinschaf – zeige – nua – nach – außen – verhertete – fronte – kompromIsfehIge – lösungen – sInd – pInzIpIell – fia – alle – ferfigba."

Beim zweiten Abhören horchten sie genauer hin und nahmen ganz anderes wahr als beim ersten Durchgang. „Mir fällt auf, daß man Sie auf dem Band viel schlechter versteht, als wenn man direkt mit Ihnen spricht, Herr Renner." „Ich kann das als Betroffener natürlich schlecht ermessen, denn ich weiß ja, was ich sage. Ich hör' ja mehr, was ich äußern will, als das, was ich wirklich produziere. Außerdem – hab' ich mal irgendwo gelesen – hören wir uns selbst weniger über die Ohrmuschel und den Gehörgang als direkt durch die Übertragung vom Gaumen auf das Innenohr. Deshalb ist uns die eigene Stimme vom Tonband, also von außen, auch so fremd." „Möglich ist das schon. Oberdrein verschlucken Sie Buchstaben, manchmal ganze Silben. Vieles kann man sich ja zusammenreimen, aber es ist die Frage, ob man sich das Richtige ergänzt." „Hmm ... meine Großmutter hat schon immer bekrittelt: ‚Mach' den Mund auf, wenn du was sagen willst, oder sei gleich ganz still.' Das hat schon lang keiner zu mir gesagt. Aber es stimmt schon, Frau Bach, auch wenn ich's nicht gern höre: Beim Artikulieren bin ich schlampig." „Na, Selbsterkenntnis ist der erste Weg zu Besserung! Wenn Sie anfangs etwas achtgeben, werden Sie bald gar nicht mehr anders können. Was fällt Ihnen denn zu meiner Darbietung ein?"

> **Nützen Sie das Diktiergerät als Lernhilfe!**
> Diktiergeräte sind nicht nur als elektronische Notizbücher nützlich, sondern auch als Ratgeber. Nehmen Sie immer wieder Ihre Telefonate auf Band auf und kontrollieren Sie Ihr Verhalten am Telefon. Sie können selbst am besten beurteilen, was Sie verbessern sollten. Außerdem erleben Sie Ihre Fortschritte. Sie können das Gespräch so oft wiederholen, bis alle Informationen verarbeitet sind.

„Ich war beeindruckt, daß Ihnen nicht nach jedem dritten Wort die Puste ausging, so wie mir. Dafür schafften Sie den Text ohne Punkt und ohne Komma, als wär' die wilde Jagd hinter Ihnen her. Das ist schade, denn wenn man sich so mit Ihnen unterhält, haben Sie eine sehr melodiöse Sprache." „Danke für die Blumen. Ich wollte das alles nur schnell hinter mir haben, das hört man total heraus. Da muß ich verflixt aufpassen, daß mir das nicht beim Telefonieren passiert; die Leute merken dann sofort, daß ich auf der Flucht bin – auch wenn's die Flucht nach vorn ist!"

„Immer langsam, für die Landbevölkerung, zum Mitschreiben!" Pfiff schob seinen Lockenkopf durch den Türspalt. „Ruhe auf den billigen Plätzen!" Lukas komplimentierte ihn hurtig zur Tür hinaus. „Trotzdem: Er hat eine so berückend freche Art, die Wahrheit zu sagen, daß man ihm nie bös' sein kann!" nahm Sabine ihn sicherheitshalber in Schutz.

„Die richtige Betonung ist ungemein wichtig. Da bekommt das Gesagte erst wirklich Leben. Mir scheint, das wissen Sie ohnehin; wenn Sie's jetzt auch noch anwenden, sind Sie aus dem Schneider!" redete Lukas ihr gut zu. „Meine Stimme war auch viel zu hoch", merkte Sabine selbstkritisch an, „das ist ein altes Frauenproblem", konstatierte sie und schaltete sich zwei Tonlagen tiefer, „daß man vor sich hin quietscht, statt seinem Organ ein dunkles, temperiertes Timbre zu geben." „Hört sich ja fast verrucht an", bestätigte ihr Lukas. „Besser verrucht als verschreckt. Schließlich muß ich meine Kunden ja becircen!"

34 Die richtige Betonung einsetzen!

Richtige Betonung haucht Ihren Informationen Leben ein! So wie das kunstvollste Gedicht verendet, wenn es geleiert wird, wird sich niemand für Ihr Angebot erwärmen, wenn Sie den Bericht darüber herunterschnurren wie eine quälende Pflichtübung. Beleben Sie Ihre Stimme und damit Ihre Botschaft! Frauen tun das am besten, indem sie zwei Tonlagen tiefer sprechen als gewohnt – das beeinflußt ihre Atmung positiv. Männer steuern die Betonung des Gesagten durch präzise Artikulation. Vermeiden Sie, in einen nicht vorhandenen Bart zu nuscheln.

„Schon, schon. Aber da ist noch etwas, Frau Bach: Verrucht ist gut und schön, doch nicht zu rauchig. Für meine Ohren klang Ihre Stimme richtig rauh und heiser; meine übrigens auch. Das Gekrächze kommt natürlich auch von der Nervosität. Ich war einmal mit einer Schauspielschülerin befreundet, die sangen vor Lampenfieber wie die Raben. Mit ein paar Stimm- und Atemübungen waren die dann aus dem Wasser."

„Können Sie sich an diese Übungen noch erinnern?"

35 Pfeifen Sie sich ein Liedchen!

Pfeifen Sie mehrmals am Tag ein frohes Lied. Das hebt nicht nur die Laune, sondern trainiert auch Ihre Mundmuskulatur. Je besser Sie die muskuläre Feinmotorik im Gesicht beherrschen, desto natürlicher und klarer wird Ihre Artikulation sein!

„Vorlesung kann ich Ihnen keine halten, aber ihr ‚mi-mi-mi mo-mo-mo me-me-me mu-mu-mu ri-ri-ri fi-fi-fi ro-ro-ro fo-fo-fo' habe ich noch gut im Ohr. Das ist nervtötend zuzuhören, aber wirksam. Die einfachste von den Atemübungen ging so: Zwei Pulsschläge einatmen, zwei Pulsschläge die Luft anhalten, und dann vier Pulsschläge fest, pfeifend und schnaubend ausatmen, dabei in jeder Phase den Fluß des Atems beobachten. Das lockert den ganzen Oberkörper und macht die Stimmbänder elastisch. Ach ja! An ihr Windrad, an das kann ich mich auch noch gut erinnern! Wissen Sie, Frau Bach, so wie man es den Kindern am Jahrmarkt kauft. Auf das pustete sie manchmal aus Leibeskräften ein, ‚um schlechte Luft und schlechte Gedanken aus mir rauszublasen', wie sie immer sagte."

> **Üben Sie Zungenbrecher!**
> Zungenbrecher und Stimmübungen sehen manchmal einfacher aus, als sie sind. Zum Probieren finden Sie hier einige Anregungen. Sie können sich aber auch Übungen mit verwandten Buchstaben selbst konstruieren. B-p g-k v-w-f (die Putte sitzt in der Butter zum putteln; ganze Gänse kauen griesgrämig Kränze; viele wollen Fässer voll wildem Wein für Friesen verwalten) sind besonders im süddeutschen Raum schwer voneinander zu unterscheiden.
>
> Magst du zu dem Alten halten,
> oder Altes neu gestalten -
> mein's nur treu und laß' Gott walten.
>
> Das Leben gern zu leben,
> mußt du darüber stehn.
> Drum lerne dich erheben,
> drum lerne abwärts sehn.
>
> Was pocht ihr, Polterer, am großen Portal?
> Packt euch, Gepanzerte, über den Paß,
> Partisanen prasseln euch auf den Stahl,
> profane Prahler, laßt euren Spaß.
>
> Hacke und Haue gehören ins Haus,
> auch der Herd,
> der Hund gehört hinaus.

„Gar nicht so unbegabt, das Mädel!" spendete Sabine Beifall, „solche Windräder gibt's bei mir um die Ecke. Ich werde je eines in uns beide investieren, damit sich wenigstens etwas bewegt, wenn wir Frust auszuschnauben haben."

Damit beschlossen sie, daß der Mitschnitt ausgeschlachtet sei, und gaben das Diktiergerät zurück.

Am Nachmittag war Lukas allein im Zimmer, als auf Sabines Schreibtisch das Telefon klingelte. Da es nicht seines war, ließ er es läuten.

„Warum gehst du denn nicht ran?" erkundigte sich der schier allgegenwärtige Pfiff. Lukas rechtfertigte sein Gebaren: „Ich hätte ohnehin nur bestätigen können, was der Anrufer auch so gemerkt hat: Daß seine Wunschpartnerin nicht da war."

„Junge, du läßt auch keinen Fettnapf aus! Denk' doch mal nach: Du rufst in einem Unternehmen an, und keiner hebt ab. Da hast du doch gleich den Eindruck, als wären das lauter Schlafmützen! Bei uns sind alle – von der Putzfrau bis zum Generaldirektor – ein eingeschworenes Team. ‚Babies läßt man nicht schreien. Zur Not schaukelt man auch einmal einen fremden Kinderwagen', predigt Dr. Weissenstein immer. Und irgendwo hat er recht! Jede Antwort ist besser als keine Antwort."

Da kam Sabine zurück und zeterte: „Ich kann auch nicht eine Minute hinausgehen, ohne daß etwas passiert. Herr Renner, ich lasse gelten, daß Sie manches noch nicht gehört haben. Von Pfiff haben Sie es jetzt gesagt bekommen, das ist eine eiserne Regel: Wenn ein Telefon läutet, wird abgehoben, egal, wo man gerade steht. Neben dem Telefon hinterläßt man einen Zettel. Auf dem kann der oder die Betreffende dann lesen, wer wann warum angerufen hat und zur Sicherheit die Telefonnummer. Manchmal wollen die Anrufer den Grund nicht sagen, das ist in Ordnung. Aber mitunter kann auch jemand weiterhelfen, der nicht die ursprüngliche Zielperson war. Wichtig ist, daß der Anrufer das Gefühl hat, sein Telefonat war nicht vergebens. Kein Anruf bei der Werk KG darf vergeblich sein!"

Empfangen Sie jeden Anruf wie einen Staatsbesuch!

Wenn das Telefon klingelt, kündet es von einem großen Ereignis – für die Dauer des Gesprächs ist ein Mensch mit seiner Stimme Gast in Ihrer Firma! Bewirten Sie Ihn mit Seriosität. Niemand ruft an, um Sie zu stören oder Ihnen auf die Nerven zu gehen. Am schnellsten wird man Aufgaben los, indem man sie erledigt – auch Telefonate. Das Gastrecht sieht vor, daß der Gast vom Gastgeber zufriedengestellt wird. Und jeder Wirt weiß: Zufriedene Gäste leeren die Fässer und füllen die Schatullen.

„Ist es dann nicht besser, wenn ich gleich verspreche, daß zurückgerufen wird?" begann Lukas zu begreifen, daß hier Firmenpolitik betrieben wurde. „Das wäre sehr problematisch. Sehen Sie, Herr Renner, Sie versprechen ja etwas, was ein anderer dann halten muß. Von dem wissen Sie meist herzlich wenig. Vielleicht kann der Betreffende so bald nicht rückrufen, vielleicht hat die Nämliche gute Gründe, es nicht zu tun. Und wenn beides nicht zutrifft, einfach nur vergessen wird? Sie sind ja kein Vormund, der kontrolliert, ob das Versprechen auch eingelöst worden ist. Sie sollen Helfer sein. Was Sie aber sehr wohl können, ist klar machen, daß Sie eine Notiz schreiben. Dann hat der Anrufer die Gewißheit, daß er etwas ausgelöst, etwas hinterlassen hat."

Keine Versprechen, die andere halten müssen!
Wenn Sie für andere Telefonate übernehmen, liegt Ihre Stärke in Ihrer Schwäche. Sie haben ausschließlich die Kompetenz (und damit die Verantwortung) für die verläßliche Information des Kollegen, der für die Bearbeitung zuständig ist! Sie übernehmen das Telefonat – nicht dessen Job! Machen Sie dem Anrufer klar, daß und wie Sie dafür sorgen werden, daß der Zuständige informiert wird. Aber versprechen Sie nur, was Sie selbst halten können, z.B.: „Ich schreibe dem Kollegen soeben eine Notiz. Ist es Ihnen recht, wenn ich folgendes notiere: „...." Allerdings kann ich nicht garantieren, daß er sich gleich nach seiner Rückkehr meldet; ich kenne seinen Terminplan nicht. Ist es Ihnen möglich, sich eventuell nochmals zu melden, falls sein Rückruf zu lange überfällig bleibt?"

„Aber, Frau Bach, ist das nicht indiskret, auf fremden Schreibtischen nach Zetteln zu wühlen?" „Bei uns muß niemand wühlen. Neben jedem Telefon finden Sie selbstklebende Haftnotizblöcke. Diese Botschaften klebt man den Kollegen aufs Telefon, damit sie gleich aufmerksam werden. Wer seinen Platz länger, das heißt voraussichtlich eine halbe Stunde, verläßt, schaltet ohnedies auf eine Nebenklappe oder in die Zentrale. So wie ich jetzt – ich schalte auf Sie um, Herr Renner, wenn's recht ist."

„Geht okay, Frau Bach, jetzt bin ich ja im Bilde."

Kaum war sie aus der Tür, gab Ernst Pfeiffer erzieherisch Wertvolles weiter, was ihm selbst nicht ganz geheuer war: „Kommst dir wohl irre lässig vor mit Kaffee und Kuchen zwischen deinen Akten. Hast du keine Angst, daß dir die Krümel Fettflecken aufs Papier zaubern? Oder ist das nur in der Schule verpönt? Unser Werkmeister unten ist jedenfalls wie der Habicht hinter jedem Schokoriegel her, den wir uns zwischendurch zwischen die Zähne stecken wollen."

Lukas mampfte gerade ein bißchen geniert weiter und überlegte, wie er am besten reagieren sollte, da läutete das Telefon. Er stopfte das halbe Kuchenstück in die Wange und hob ab: „.erk .ag. .enne. .ut.n .ag", raunte er in die Sprechmuschel und bemühte sich, dabei nicht zu spucken. Pfiff kommentierte unbestechlich: „Je voller der Mund, desto deutlicher die Aussprache." „Nein, nein, Sie stören nicht beim Essen ... Tut mir leid, da sind Sie bei mir verkehrt ... Nein, hier sind Sie in der Abteilung ‚Marktpflege' ... Das weiß ich leider auch nicht! ... Auf Wiederhören."

„Da hat Frau Bach dir noch ein Kapitel der Lektion unterschlagen, wenn ich dir so zuhöre", füllte der Tausendsassa eine weitere Wissenslücke bei Lukas. „Weil das Verzeichnis mit den Durchwahlnummern nicht durchs zugemachte Fenster geflogen kommt, geh' ich dir im Sekretariat jetzt eines holen. Dann hast du zumindest keine Ausrede mehr, daß du eine Nebenstelle nicht wüßtest, die kannst du dann nämlich nachsehen. Und dann gibt es nur noch einen Grundsatz: Irrläufer bis zum nächsten Etappenziel begleiten. Im Klartext heißt das: Genau nach der Zielperson fragen, ist der Name bekannt, Durchwahlnummer suchen, dem Anrufer bekanntgeben, falls er beim Verbinden aus der Leitung fliegen sollte, und weiterverbinden. Ist keine Zielperson bekannt, sondern nur ein Anliegen da, dann überlegen, wer zuständig sein bzw. weiterhelfen könnte. Auch da wieder: Name nennen, Nummer sagen und weiterverbinden. Oder mit anderen Worten: Mach', was du willst, aber schick' nie wieder einen Anrufer mit einem ‚Da sind Sie bei mir verkehrt' in die Wüste. Roger?"

Jeder Anrufer hat ein Anliegen – befreien Sie ihn davon!

Ein gewisser Prozentsatz an Anrufen wird bei Ihnen an der falschen Adresse sein. Sorgen Sie dafür, daß er verläßlich an sein Ziel kommt! Sie kennen sich in der Firma besser aus als jeder Außenstehende. Sie können schneller herausfinden, wer wirklich zuständig ist. Sie profilieren sich damit als Problemlöser, und das ist auf jeden Fall ein positiver Effekt. Ein fehlgeleiteter Anrufer hat vorerst nur das Bedürfnis, an den richtigen Gesprächspartner zu kommen – erfüllen Sie ihm den Wunsch!

„Die Damen präsentieren die Hausordnung charmanter als du."
„Dafür wenden sie weder Freizeit noch Biergeld auf, damit aus dir was wird. Ich bring' dir jetzt das Nebenstellenregister."

Im Zurückkehren fragte Sabine: „War was los?" „Zwei Anrufe, nichts Besonderes. Der eine war ein Blindgänger auf Klappenralley, die ich in Unkenntnis des Hausbrauchs verlängert habe – Pfiff hat mich dann aufgeklärt, daß auch Fehlgeleitete aus Imagegründen pfleglich behandelt werden. Und dann war etwas für Sie, aber nur privat." „Was meinen Sie mit 'nur privat', Herr Renner?" „Ich glaub', es war eine Freundin." „Was heißt, bitte, Sie glauben?" Ihre Stimme wurde dunkler und schärfer. „Das heißt", Lukas schwante Böses, „daß ich die Personalien nicht aufgenommen und das Anliegen nicht recherchiert habe, weil sie auf meine Frage, ob ich weiterhelfen könne, geantwortet hatte, es wäre privat." „Herr Renner, ‚privat' ist kein Fremdwort für ‚unwichtig'. Von jedem Anruf bekomme ich ab jetzt bitte eine Notiz. Und das ist keine Spezialität von mir, das gilt allgemein. Niemand kann für einen anderen abschätzen, was wichtig ist und was nicht. Ob meine Freundin plaudern will oder einen Termin absagen, das wissen wir beide erst nach dem Gespräch. Bei eingehenden Anrufen wird grundsätzlich nicht zwischen geschäftlich und privat unterschieden; es gilt die Klebenotizregel bzw. zwischen uns beiden das Sammelblatt, wenn mehr zusammenkommt."

„Alles auch aus Imagegründen?"

Helfen Sie anderen, Sie zu mögen!
Bedanken Sie sich, wenn Ihnen jemand (weiter-)hilft. Bitten Sie bewußt um Hilfen, die Ihnen vielleicht selbstverständlich erscheinen (z.B.: In der Telefonzentrale um ein Verbindung). Wenn jemand etwas getan hat, was Ihnen das Leben erleichtert, dann sagen Sie dem Betreffenden auch, wie gut Ihnen das tut. Übertreiben Sie ruhig, solange Sie sich dabei gut fühlen! Die Freuden im Geschäftsalltag sind nicht zu dicht gesät, und man hat gern mit netten Menschen zu tun. Arbeiten Sie an diesem Vorschuß!

„Aufmerksame Telefonbetreuung ist eine der kostengünstigsten PR-Maßnahmen, die es gibt. Menschen reden miteinander, immer und überall. Stellen Sie sich – im Positiven wie im Negativen – den Effekt vor, wenn Leute, ganz nebenbei, erzählen: ‚Heute hab' ich bei der Werk KG angerufen, dort wurde ich so und so behandelt, ich weiß ja nicht viel über das Unternehmen, aber das merk' ich mir.' Diese Art Mundspruch können Sie nur an der Wurzel beeinflussen. Wenn das Gas einmal ausgeströmt ist, läßt es sich nicht mehr einfangen!"

> **Das Telefon ist ein PR-Instrument!**
> Es gibt keine günstigere Möglichkeit, wirksame Öffentlichkeitsarbeit zu machen, als professionell zu telefonieren. Jeder private und jeder geschäftliche Kontakt am Telefon ist ein Puzzlesteinchen im öffentlichen Erscheinungsbild der Firma – und in einer tollen Firma arbeiten tolle Leute! Das heißt, je bewußter Sie das Image Ihrer Firma polieren, desto angesehener sind Sie selbst, und desto leichter wird Ihnen der Erfolg gemacht!

„Von der Warte hab' ich das noch nicht betrachtet. Aber daß alles irgendwie zusammenhängt, hab' auch ich schon begriffen. Vorgestern hab' ich mir noch gedacht, ‚das bißchen Telefonieren ...', so wie man auch immer sagt, ‚das bißchen Haushalt ...', ohne sich bewußt zu machen, was da alles mit dran hängt."

„Ein Wort aus berufenem Munde! Bügeln Sie Ihre Hemden selbst?"

„Derzeit ja. Aber wie ich's gelernt habe, ist es mir ähnlich gegangen wie jetzt: Ich konnte mir nicht vorstellen, daß ich jemals ein unverbranntes Hemd vollbringen würde. Und inzwischen sehe ich doch ganz ordentlich aus?"

„Alle Achtung! Machen wir für heute Feierabend? Morgen gibt's sicher wieder Etliches zum Ausbügeln!"

„Vorschlag angenommen! Bis morgen, werte Frau Kollegin!"

ÜBERSICHT

➤ Wie man Störungen ausschaltet

- ❏ möglichst ruhigen Raum suchen
- ❏ Fenster schließen und Radio abdrehen
- ❏ Schallschlucker einrichten (z.B.: Vorhänge, Teppiche, Raumteiler etc.)
- ❏ geräuschvolle Unarten ablegen (z.B.: Pfeifen, Summen, Klopfen etc.)
- ❏ Störenfriede umerziehen

➤ Die richtige Haltung beim Telefonieren

- ❏ aufrecht sitzen oder stehen
- ❏ mit beiden Füßen Bodenkontakt herstellen (sich erden!)
- ❏ die gesamte Sitzfläche des Sessels ausfüllen
- ❏ Sitzhöhe und Rückenlehne dem Körper anpassen

➤ Aussprache und Stimme kultivieren

- ❏ keine Buchstaben und Silben verschlucken
- ❏ deutlich artikulieren
- ❏ alle Sprechwerkzeuge (Lippen, Zunge, Kiefer) einsetzen
- ❏ Sprachmelodie beachten
- ❏ ruhig atmen
- ❏ Tonhöhe kontrollieren

▶ Die Rückruf-Haftnotiz

❏ WER ?

_____

Name, Firma

❏ WANN ?

_____

Datum und Uhrzeit

❏ WARUM ?

_____

kann ggf. entfallen

❏ BESONDERHEITEN ?

_____

kann ggf. entfallen (z.B.: dringend, eilt nicht)

❏ WELCHE NUMMER ?

_____

▶ Falsche Verbindungen ausmerzen

❏ nach dem Anliegen fragen
❏ Zielperson feststellen
❏ richtige Nummer feststellen
❏ richtige Nummer/Namen bekanntgeben
❏ weiterverbinden

KURZÜBUNGEN NACH ZWANZIG MINUTEN

Machen Sie die folgenden Übungen konsequent nach 20-25 Minuten zügiger Arbeit, damit Ihre Leistungskurve nicht abfällt. Konzentrieren Sie sich dann voll auf die Übungen, denken Sie an nichts anderes als an die Anspannung und Entspannung Ihrer Muskeln und wie sich das anfühlt. Dadurch lenken Sie sich ab, und Sie bekommen einen klaren Kopf.

 Übungen, die die Umgebung fast nicht bemerkt:

Setzen Sie sich aufrecht auf Ihren Sessel, greifen Sie seitlich unter die Sitzfläche und ziehen Sie mit ganzer Kraft die Sitzfläche gegen den Körper. Zählen Sie dabei ruhig bis drei. Dann lassen Sie die beiden Arme locker baumeln; zählen Sie dabei ebenfalls bis drei. Wiederholen Sie die Prozedur, indem Sie bis vier zählen, und dann bis fünf. Genießen Sie sowohl die Anspannung als auch die Entspannung.

Setzen Sie sich aufrecht auf Ihren Sessel, stellen Sie die Beine nebeneinander fest auf den Boden. Pressen Sie nun die Beine fest aneinander. Zählen Sie dabei ruhig bis drei. Dann lassen Sie die beiden Beine locker und schütteln Sie sie ein wenig; zählen Sie dabei ebenfalls bis drei. Wiederholen Sie die Prozedur, indem Sie bis vier zählen, und dann bis fünf. Genießen Sie sowohl die Anspannung als auch die Entspannung. Machen Sie auch die gegenteilige Bewegung: Hängen Sie einen Fuß hinter die Wade des anderen Beines und versuchen Sie, den Fuß gegen den Widerstand der Wade wegzuziehen. Üben Sie abwechselnd mit beiden Füßen im 3-4-5-Rhythmus.

Setzen Sie sich aufrecht auf Ihren Sessel, legen Sie Ihre Hände auf Ihre Knie. Drücken Sie nun die Hände nach unten, während Sie gleichzeitig versuchen, die Knie gegen den Widerstand der Hände nach oben zu drücken. Zählen Sie dabei ruhig bis drei. Dann lassen Sie Arme und Beine locker und schütteln Sie sie ein wenig; zählen Sie dabei ebenfalls bis drei. Wiederholen Sie die Prozedur, indem Sie bis vier zählen, und dann bis fünf.

Stellen Sie sich vor, Sie hingen – wie eine Marionette – an Ihrem Scheitel an einem Haken. Und dieser am Haken befestigte Faden zieht Sie erst drei, dann vier, dann fünf Atemzüge in die Höhe. Stellen Sie sich das ganz genau vor – und spüren Sie die Entlastung und Belastung in Ihrer Wirbelsäule.

B Übungen, die die Umgebung ein wenig bemerkt:

Setzen Sie sich aufrecht auf Ihren Sessel. Lassen Sie Ihren Kopf locker auf die Brust sinken. Wippen Sie ein wenig nach. Lassen Sie ihn dann tief in den Nacken fallen. Wippen Sie ein wenig nach. Lassen Sie ihn dann aus dieser Stellung locker über eine Schulter und die Brust zur anderen Schulter und wieder zurück in die Ausgangsposition kreisen. Dreimal in die eine Richtung, dreimal in die andere. Lassen Sie dabei die Augen geschlossen, den Mund ein bißchen geöffnet und versuchen Sie, den Kopf so weit in alle Richtungen hängen zu lassen, als ginge er im nächsten Moment verloren.

Setzen Sie sich aufrecht auf Ihren Sessel. Verschränken Sie Ihre Hände im Nacken und drücken Sie den Kopf nach hinten, während Sie die Hände gegen den Widerstand nach vorn ziehen. Zählen Sie dabei ruhig bis drei. Dann lassen Sie die Arme locker und schütteln Sie sie ein wenig; zählen Sie dabei ebenfalls bis drei. Wiederholen Sie die Prozedur, indem Sie bis vier zählen, und dann bis fünf.

Setzen Sie sich aufrecht auf Ihren Sessel. Verschränken Sie Ihre Hände im Nacken und ziehen Sie sie gegen den Widerstand der Verschränkung auseinander. Zählen Sie dabei ruhig bis drei. Dann lassen Sie die Arme locker und schütteln Sie sie ein wenig; zählen Sie dabei ebenfalls bis drei. Wiederholen Sie die Prozedur, indem Sie bis vier zählen, und dann bis fünf. Die gleiche Übung aktiviert andere Muskelpartien, wenn Sie die Finger vor der Brust verschränken (Achtung: Ellenbogen so hoch wie möglich halten!) oder vor der Brust die Handflächen gegeneinander pressen. Immer wieder im 3-4-5-Rhythmus und ebenso entspannen.

Greifen Sie nach den Sternen! Diese Übung können Sie im Sitzen oder im Stehen durchführen. Recken Sie sich, erst mit dem einen und dann mit dem anderen Arm, so weit Sie können nach oben, klauben Sie 3-4-5 Sterne von Ihrem imaginären Himmel. Nehmen Sie jeden einzeln ab, lassen Sie den Arm ganz nach unten fallen und beginnen Sie erneut. Mit jedem Arm gleichwertig pflücken.

 Übungen, entfernt vom Arbeitsplatz:

Gehen Sie auf den Fersen.
Springen Sie (macht gute Laune!).
Machen Sie Kniebeugen.
Versuchen Sie, mit den Fingern die Zehen zu umfassen.
Machen Sie einen Katzenbuckel.
Kreisen Sie die ausgestreckten Arme.
Kreisen Sie ein ausgestrecktes Bein, während Sie auf dem anderen stehen.

Werfen Sie einen Gegenstand durch die Luft und fangen Sie ihn wieder auf.

Stemmen Sie in Schulterhöhe die Arme gegen eine Wand und lehnen Sie sich mit Ihrem ganzen Gewicht dagegen. Lassen Sie dabei den Kopf zwischen den Armen herunterhängen – versuchen Sie, die Wand zu verschieben.

Alle Übungen sollten Sie im 3-4-5-Rhythmus machen. Die 3-4-5-Entspannungen sind dabei genauso wichtig (wenn nicht wichtiger!) wie die 3-4-5-Anspannungen.

3 STARTRITUALE

Lukas sortierte gerade die erste Handvoll Firmenbögen in seine Arbeitsmappe, als er Frau Bachs melodiöses „Guten Morgen, allerseits!" den Gang entlangswingen hörte. Walzer oder Qickstep? – noch ehe er es entscheiden konnte, schoben sich zwei regenbogenbunte Windräder durch die offene Tür. „Sabine! Sie sind ein Hit!" Lukas war hingerissen.

„Das ist ein Empfang! Den laß' ich mir gefallen! Übrigens auch, daß Sie mich Sabine nennen!"

Ein etwas irritierter Lukas stand sicherheitshalber auf, ging ihr entgegen und deutete bei der Begrüßung linkisch einen Handkuß an: „Wünsche wohl geruht zu haben und einen ersprießlichen Tag erleben zu mögen, gnädige Frau. Ich bedanke mich für das gütige Angebot und nehme es freudigst an. Stets zu Diensten – Lukas – verfügen Sie über mich!" Immer wenn sein Übermut mit seiner Unsicherheit wetteiferte, sprach sein Großvater aus ihm. Dann nahm er das Windrad entgegen, als wär's eine seltene Orchidee, und staunte die Kollegin erwartungsvoll an.

„Auch wenn ich mich die letzten Augenblicke wie eine Königin gefühlt habe, ist's Zeit, in unsere bürgerliche Realität zurückzukehren! Kommen Sie, jetzt schnaufen wir einmal unsere Lungen frei."

Stimmen Sie sich aufs Telefonieren ein!

Sollten Sie nicht zu jenem Teil der Bevölkerung zählen, der bereits morgens unter der Dusche trällert, machen Sie vor wichtigen Telefonaten eine Stimmübung und schnaufen Sie sich die Lungen frei. Da durch das Üben und Pusten vermehrt Sauerstoff ins Blut und damit ins Gehirn transportiert wird, erhöht sich auch Ihre allgemeine Leistungsfähigkeit. Sind Körper und Seele vorbereitet, rüsten Sie auch Ihren Geist: Beginnen Sie einen Tag am Telefon oder ein wichtiges Telefonat, indem Sie sich alle inhaltlichen Sachaspekte vollständig ins Gedächtnis rufen.

Angelika Wollner fand dementsprechend ihre beiden neuesten Mitarbeiter fröhlich pustend vor und freute sich über den frischen Wind, der hier selbstgemacht war. „Ich hab' hier Computerlisten mit Adressen. Wir haben jüngst eine Aussendung gemacht – eine Kopie davon hab' ich auch mitgebracht –, und das ist die Empfängerliste. Ich denke mir, wenn Sie aus der Liste jene heraussuchen, die auch in der Mappe enthalten sind, haben Sie für den Anfang eine recht gute Teilmenge. Die Leute haben kürzlich von uns gelesen, und so haben Sie einen besseren Einstieg. Und hier ist noch ein Kontakt; mit dem fangen Sie am besten an."

> **43 Telefonate brauchen Begleitung!**
>
> Lassen Sie ein Telefonat nie allein – es ist immer Teil eines Kundenbetreuungsprogramms! An jedes Telefonat knüpft sich eine Zusendung – egal, ob per Fax, per Post oder Ware per Bahn. Den Worten müssen Taten folgen!
>
> Anders herum sollte jede postalische Information von einem Anruf begleitet sein. Sie haben selten so ein gutes Entree wie nach brieflicher Vorinformation.
>
> Kunden fühlen sich in jedem Fall gefoppt, wenn ein vielversprechender Kontakt im Sand verläuft.

„Super. Danke. Ich war gerade am würfeln, womit ich beginnen soll", bekannte Lukas. „Na, Herr Renner, da bin ich ja gerade rechtzeitig gekommen. Gutes Gelingen!"

Voller Tatendrang überflog Lukas die Informationsbroschüre und den Begleitbrief, erinnerte sich, daß er dies in den vergangenen Tagen schon angesehen hatte, und wählte die Nummer, mit der er seinen Arbeitstag beginnen sollte.

„Kabel und Draht, guten Tag."
„Guten Tag. Herrn Hartmann bitte."
„Einen Moment, ich verbinde."
„Hartmann."
„Renner, Werk KG. Sie müssen vor einigen Tagen unsere Zusendung bekommen haben. Wie gefällt Ihnen unser Angebot?"
„Ich bin in einer Besprechung. Melden Sie sich am Nachmittag wieder."
„Ja, gern. Auf Wiederhören!"
„Wiederhören" ... sehr freundlich war der Abschied nicht, aber Lukas war stolz auf sich: So weit war er noch bei keinem Telefonat gekommen! Offenbar hatte Frau Wollner ihm nicht umsonst diesen Anruf als ersten ans Herz gelegt.

Sekunden später läutete Lukas' Telefon. „Werk KG, Renner, Grüß Gott."

„Weissenstein, guten Tag, Herr Renner. Bitte kommen Sie einen Sprung zu mir herüber und bringen Sie Ihre Unterlagen mit."

„Bin schon unterwegs ..."

Lukas packte seinen Arm voll Papier und brach auf. Der Verkaufsdirektor empfing ihn wie immer freundlich und bat ihn, an seinem Schreibtisch Platz zu nehmen. Dann forderte er ihn auf! „Rufen Sie bitte noch einmal den Kunden von vorhin an. Sie haben ja Ihr Material mit. Sie können gern meinen Apparat benützen."

Lukas wunderte sich, tat aber folgsam, was ihm aufgetragen war. Als das Freizeichen ertönte, läutete plötzlich etwas gedämpft ein anderes Telefon im Zimmer. Herr Dr. Weissenstein öffnete einen Schrank, hob ein Telefon ab und meldete sich: „Hartmann ... " Lukas fiel aus allen Wolken und brachte kein Wort heraus. Die Stimme des Herrn Hartmann sagte: „Legen Sie auf und kommen Sie zu mir an den Besprechungstisch." Mit wackeligen Beinen schlich ein sehr gedämpfter Herr Renner zu den bequemen Sesseln. Allein die Tatsache, daß Dr. Weissenstein sehr versöhnlich lächelte, ließ ihn hoffen, daß es ihm nun nicht an den Kragen ginge.

„Sie wirken, als erwarteten Sie eine Tracht Prügel. Wofür wollen Sie die denn bekommen?" erkundigte sich der Vorgesetzte.

„Ich weiß auch nicht. Anfangs war ich mit mir gar nicht unzufrieden. Aber jetzt ... "

„Was ist jetzt anders als vorhin?"

„Daß Herr Hartmann plötzlich vor mir sitzt."

„Der kleine Schwindel ist uns ein geringeres Übel als Mitarbeiter, die keine Möglichkeit zum Trockentraining haben. Sie haben sich bestens geschlagen, obwohl ich nicht sehr freundlich war. Wann hätten Sie denn wieder versucht, Herrn Hartmann zu kontaktieren?"

„Na, am Nachmittag!"

„Wann ist das, Ihrer Meinung nach?"

„Hmmm. So um 15 Uhr?"

„Vielleicht. Vielleicht auch um 14 Uhr 30 oder um 15 Uhr 45?"

„Da hätte ich mich wohl genauer erkundigen sollen?"

„Die Fragen: 'Welcher Zeitpunkt ist Ihnen recht? Wann ist es für Sie günstig?' sind nie verkehrt! Üblicherweise beginnen Nachmittage um 14 Uhr; natürlich kann man immer wieder probieren.

Aber Sie hält es auf, und den Angerufenen nervt es, wenn es wieder nicht gut klappt. Je genauer beide Bescheid wissen, desto problemloser der neuerliche Versuch."

„Und wenn es dem anderen ehrlich egal ist und er wirklich den ganzen Nachmittag meint?"

44 Zielen Sie mit Worten ins Schwarze!

Im (Geschäfts-)Leben redet man miteinander, um Vereinbarungen zu treffen – auch wenn man bloß vereinbart, wieder miteinander zu sprechen oder einstweilen miteinander nicht weiter zu verhandeln. Bei Bündnissen geht es jedoch um Genauigkeit. Je verwaschener Abmachungen sind, desto wahrscheinlicher sind Mißverständnisse. Wenn Sie nicht ganz sicher sind, daß die Übereinkunft eindeutig ist, fassen Sie nach. Machen Sie präzise Aussagen und präzisieren Sie Äußerungen des anderen so lange, bis beide wissen, worum es geht.

„Dann kann er das ja sagen. Mir geht es darum, daß Sie ein Gefühl dafür bekommen, ob Aussagen genau oder ungenau sind. Wenn Sie sich mit einem Freund ‚am Abend' auf ein Bier verabreden, klären Sie ja auch ab, ob der um 18 Uhr oder um 22 Uhr auf Sie wartet."

„Es geht also darum, dahinter zu kommen, was der andere mit einer Aussage konkret meint?"

„Exakt. Darum geht es. Das ist eine der verläßlichsten Versicherungen gegen Mißverständnisse. Es wird eine Weile brauchen, bis Sie so routiniert sind, beinahe reflexartig nachzuhaken. Im Prinzip könnte man ja jede Aussage quittieren, indem man ‚wie meinen Sie das genau?' weiter forscht! Ich will keinen neuen Kult kreieren, der darin mündet, daß Sie beim nächsten ‚ich liebe Dich' vorsichtig auskundschaften: ‚Was meinst du damit genau?' Ich will nur, daß Sie sich auf die Lauer legen."

„Wenn ich Sie richtig verstanden habe, dann geht es Ihnen darum, mir aufzuzeigen, um wieviel präziser wir noch formulieren könnten, auch wenn wir – naiv – glauben, es wäre ohnehin schon alles paletti."

„Ja! So haben Sie mich richtig verstanden. Können Sie sich noch an die Eröffnung des Telefongesprächs erinnern? Was Sie da gesagt haben?"

„Renner, Werk KG. Sie müssen vor einigen Tagen unsere Zusendung bekommen haben. Wie gefällt Ihnen unser Angebot? ... Oder so ähnlich."

„Nein, nein! ... Ganz genau so! Stellen Sie sich folgende Szene vor: Sie gehen auf der Straße, plötzlich wächst vor Ihnen eine fremde Gestalt aus dem Boden, die ersten Äußerungen verstehen Sie gar nicht, weil Sie nicht vorbereitet sind, und dann hören Sie nur: ‚Sie müssen Hunger haben; Sie haben gerade in das Schaufenster dieses Feinkostladens gesehen. Was halten Sie von den Produkten?' – Was geht dabei in Ihnen vor?"

„Ich fühle mich überfallen und bin eigentlich ärgerlich. Warum muß ich Hunger haben, nur weil ich in diese Auslage sehe? Vielleicht suche ich ein Geschenk für meinen Onkel?"

Vorsicht mit dem Wort „MÜSSEN"!

Unser Gesprächspartner „muß" gar nichts! Er muß nichts verstehen, er muß nichts einsehen, er muß nichts erhalten oder gelesen haben, und er muß auch nichts überlegen. Sie müssen um Verständnis oder Einsicht bitten, nach dem Erhalt von Vorinformationen fragen und die Aufmerksamkeit des anderen auf gewisse Überlegungen richten. Vermeiden Sie es, mit einem Telefonpartner direktiv zu sein – er wird sich sonst mit Gegendruck rächen!

Hüten Sie sich vor Unterstellungen!

Wir schließen gern von uns auf andere. Doch das kann fatal sein. Außer Sie kennen einen Menschen sehr gut, hinterfragen Sie lieber einmal zuviel als einmal zuwenig einen Sachverhalt. Unterstellungen nach dem Motto: „Sie haben doch sicher ..." sind positiv wie negativ störend. Nehmen Sie im vorhinein etwas Negatives an („Sie haben sicher noch nicht ..."), können Sie sich in die Nesseln setzen; nehmen Sie etwas Positives an („Sicher haben Sie bereits ...") erzeugen Sie schlechtes Gewissen. Beides vergiftet die Atmosphäre.

„Ja, ja! Warum MUSS Herr Hartmann die Zusendung erhalten haben, nur weil er auf Ihrer Liste steht? Wenn er wahrheitsgetreu ‚nein' sagt, unterstellen Sie indirekt, daß er seine Post nicht ordentlich erledigt. Das sind keine guten Karten für eine vielversprechende Eröffnung! Aber so weit sind wir noch gar nicht! Sie sagten ‚Überfall'. Was erinnert Sie an einen Überfall?"

„Vor allem stört mich, daß jeglicher Gruß fehlt."

„Renner, Werk KG, Sie müssen ..." erinnerte Dr. Weissenstein.

„Naja, ich wollte halt so schnell wie möglich zur Sache kommen ..."

> **47 Grüßen ist lebenswichtig!**
> Unabhängig wie eilig Sie es haben, wie bündig ein Gespräch verlaufen soll, wieviel Druck Sie machen wollen, wie oft Sie an diesem Tag mit diesem Gesprächspartner schon telephoniert haben: Jedes Telefonat beginnt mit einem Gruß und der Nennung Ihres Namens. Der andere MUSS SIE NICHT an der Stimme erkennen, auch wenn Sie ein noch so markantes Organ haben. Und nicht zu grüßen, ist sparen am falschen Ende. Sie können überall kürzen und rationalisieren – nur nicht beim Grüßen!

„So schnell wie möglich – so langsam wie nötig! Unterschlagen Sie bitte diese entscheidende zweite Hälfte des Satzes nicht! Eine flotte Gangart ist durchaus wünschenswert; überhöhte Geschwindigkeit führt zu Unfällen – nicht nur im Straßenverkehr!"

„Das ist mir überhaupt nicht aufgefallen, daß ich nicht gegrüßt habe. Wenigstens habe ich mich vorgestellt."

„Auf die knappste aller denkbaren Möglichkeiten."

„Was meinen Sie damit genau?"

„Sehr gut! Eins zu Null für Sie, Renner! Ich meine damit, daß in den ersten zwanzig Worten mehr Chancen liegen als in den nächsten zweihundert!

> **48 Keine lange Einleitung – Erklärungen nach und nach!**
> Gute Stories haben keine Einleitungen. Lange Erklärungen ermüden den Zuhörer, und es wird ihm langweilig – dann arbeitet die Zeit gegen Sie. Sie wollen vorerst etwas vom anderen, und nun soll dieser mit Ihnen sprechen wollen! Also geben Sie ihm Anlaß, das zu wollen! Menschen sind neugierig, Menschen sind auf ihre Vorteile bedacht, Menschen wollen Anerkennung. Machen Sie in den ersten Sätzen klar, daß Sie diese Bedürfnisse befriedigen werden – das ist besser als jede Einleitung!

Überlegen Sie sich folgende Situation: Sie kommen unangemeldet in ein Haus, möchten jemanden besuchen, der Sie nicht erwartet. Was tun Sie?"

Lukas sah sich momentan in jene Tage zurückversetzt, als er – noch keine sechs Jahre alt – an der Hand seines Großvaters spazieren ging. Manchmal kaufte Großpapa einen wunderschönen Blumenstrauß, und dann gingen sie, an einem Tor zu läuten, das für Lukas viel Ähnlichkeit mit dem Himmelstor in seinem Märchenbuch hatte. Es öffnete sich, eine junge Frau geleitete sie in einen eleganten Raum, den man ‚Salon' nannte, Großpapa gab seine Visitkarte und die Blumen ab, und dann warteten sie. Nur wenn es sehr lange dauerte, nahm Großpapa das Angebot der jungen Frau, doch Platz zu nehmen, an. Nach der Venenentzündung konnte er nicht mehr so lange stehen. Lukas durfte sich aber keinesfalls setzen, und wenn von irgendwoher Schritte vernehmbar waren, sprang Großpapa wie eine Feder auf und blickte gespannt zur Tür. Endlich erschien eine Dame – eine Mischung aus Rotkäppchens Großmutter und der Königin der Nacht – halb verdeckt vom mitgebrachten Strauß, der nun in einer Vase arrangiert war, und flötete: „Ambros! Diese florale Herrlichkeit! Wie oft muß ich noch sagen, daß ich gegen Bestechungen dieser Art wehrlos bin? Sie Ärgernis meiner späten Jugend! Erst lassen Sie sich Ewigkeiten nicht blicken, und dann können Sie getrost darauf vertrauen, daß man nur noch entzückt ist, Sie endlich zu sehen. Seien Sie mir aufs Vergrämteste willkomen!" Während dieser stehenden Rede stellte sie die Blüten auf einem zierlichen Sekretär ab und holte aus einer Art Geheimfach jene Karamelbonbons, für die Lukas das ganze Theater über sich ergehen ließ.

„Visitenkarte und Blumen", murmelte Lukas gedankenverloren.

„Sollte dies die Antwort auf meine eben gestellte Frage sein: Glänzend! Wie läßt sich das nun auf unsere Bedürfnisse übertragen?"

„Tjaaa ... auf jeden Fall so, daß der andere den Namen wirklich mitbekommt. Als lese er die Visitkarte. Außerdem sind diese Karten immer irgendwie individuell gestaltet; sogar die ganz klassischen."

Namen sind Zauberworte!
Selten ist bei der Vorstellung ein Name verstanden und behalten worden. Unterscheiden Sie sich. Beherzigen Sie die Regeln der

> korrekten Vorstellung, durch Sie bekommt eine unbekannte Firma einen persönlichen Namen!
> Lassen Sie Ihren Vornamen das sein, was er ist: Ein Name VOR dem Familiennamen!
> Vergewissern Sie sich, daß Sie den Namen Ihres Gesprächspartners richtig verstanden und notiert haben – und verwenden Sie ihn! Der Name ist nicht nur im Märchen vom Rumpelstilzchen ein Zauberwort!

„Wie könnte Ihre akustische Visitkarte nun aussehen?"
„Gibt es hier auch so etwas wie klassische Modelle?"
„Ja, die gibt es. Die günstigste Version ist, zu sagen:
‚Grüß Gott, hier spricht Renner.
Lukas Renner von der Werk KG.'
Auch wenn der Angerufene den Beginn noch nicht ganz aufnimmt, hat er durch die Wiederholung die Chance, alle wichtigen Informationen perfekt serviert zu bekommen."

„Könnte ich auch sagen: ‚Darf ich mich vorstellen? Mein Name ist Renner, Lukas Renner von der Werk KG. Einen guten Tag wünsche ich.'"

„Nun, das ist etwas gewöhnungsbedürftig und auch ein bißchen weitschweifig. Aber so, wie Sie es bringen, klingt es gut. Mein Vorschlag: Wenn Ihnen die erprobte Methode aus irgendeinem Grund mißfällt, probieren Sie ein wenig herum. Doch bitte ohne billige Effekthascherei. Nur anders um des Anders-Seins willen ist mir ein Graus; damit verärgern Sie auch die Leute. Mir ist wichtig, daß die entscheidenden Elemente – Gruß, Name, Vorname, Name und Firma – enthalten sind. Dazwischen ist es besonders günstig, bewußt Pausen zu machen. Üben Sie sich in der Kunst der Pause! Pausen haben eine magische Kraft. Sie geben dem anderen dadurch Gelegenheit zum Nachdenken, Sie machen neugierig auf das Kommende, und Sie wirken gleich viel sympathischer, denn Sie vermitteln Ihrem Gesprächspartner, daß Sie ihm Luft zum Atmen lassen. Und noch etwas: Sagen Sie Ihren VORnamen auch bitte immer vor dem Familiennamen. Der Huber-Seppl kommt von der Alm; und dort soll er auch bleiben."

„Apropos Name: Was tue ich, wenn ich den Namen meines Gesprächspartners nicht verstanden oder vergessen habe?"

„Das sind zweierlei Paar Schuhe! Nehmen wir an, Sie möchten mit Frau Pusch sprechen, und Sie erfahren, daß sie geheiratet hat und nun Wislodschki heißt."

„Wie bitte? Wie ist der Name?"

„Das ist die ungeschickteste Methode, an die gewünschte Information zu kommen! Sie haben am Telefon einen Riesenvorteil: Jedem ist klar, daß Namen anfangs nicht verstanden werden. Bei einer Vorstellung hat noch selten jemand einen Namen richtig behalten. Doch am Telefon sind Sie fein raus. Ihre treuesten Verbündeten, Papier und Bleistift, haben Sie ja immer zur Hand, und Sie können sofort notieren und ab sofort ablesen – damit erübrigt sich das Vergessen! Wenn Sie jetzt beim Schreiben sind, haben Sie viele Möglichkeiten, eine nette Formulierung zu wählen:

,Entschuldigen Sie bitte,

ich habe Ihren Namen nicht genau verstanden.'

,Wie darf ich Ihren Namen schreiben?'

Und natürlich, wenn Sie über Stellung und Titel unsicher sind:

,Wie darf ich Sie korrekt ansprechen?'"

Ehre, wem Ehre gebührt!

Erkundigen Sie sich, welche Titel Ihr Gesprächspartner führt, und sprechen Sie ihn entsprechend an. Je südlicher, desto konsequenter. Wenn ein Professor, Doktor, Magister oder Direktor anders angesprochen werden möchte, wird er es Sie wissen lassen. Besser etwas zu förmlich als zu amikal. Durch das Einsickern angloamerikanischer Verhaltensweisen ist besonders in den jüngeren Generationen ein lockerer Ton üblich. Im persönlichen Kontakt läßt sich das durch Körpersprache und Mimik besser überprüfen und gegebenenfalls korrigieren – am Telefon gehen Sie auf „Nummer sicher" und benützen Sie in der Anrede den Titel.

„Verzeihen Sie, gnädige Frau, ich habe Ihren Namen schlecht verstanden. Würden Sie mir bitte buchstabieren?"

„Gern, Herr Renner, ich weiß, er ist schwierig. V – Y – S – L – O – C – Z – K – Y ... Alle Achtung, Renner! Das war charmant und zielführend!"

„Allerdings! ,Wislodschki' hätte ich nie ,Vysloczky' geschrieben."

„Sehen Sie, deshalb arbeiten wir mit diesen simplen Tricks. Der Ansprechpartner freut sich über das Interesse, das ihm entgegengebracht wird, und wir haben fehlerfreie Namenkarteien. Nach dem genauen Namen zu fragen, ist eine Kerntugend beim Telefonieren – gleichgültig, ob Sie anrufen oder angerufen werden. Und wenn Sie dann den Namen wissen, verwenden Sie ihn bitte auch. Sprechen Sie Ihren Gesprächspartner immer wieder mit seinem Namen an. Dale Carnegie hat einmal gesagt: ‚Der Name ist das wichtigste Wort für jeden Menschen.'"

> **51 Mit dem Namen Nähe erzeugen!**
> Am Telefon fehlt der Augenkontakt. Eine der besten Möglichkeiten, hier einen Ausgleich zu schaffen, liegt darin, den Ansprechpartner immer wieder beim Namen zu nennen. Wie soll er sonst wissen, daß Sie ihn meinen und noch immer nur mit ihm sprechen? Er sieht nicht, daß Sie ihm zugewandt sind – theoretisch könnten Sie längst mit jemand anderem reden. Nur die Erwähnung seines Namens macht ihn sicher, daß er die Hauptperson ist.

„So werde ich das machen, Herr Dr. Weissenstein!"

„Das ist mir recht, Herr Renner. Ich spüre, Sie verstehen, worauf es ankommt. Dieses bewußte Wiederholen des Namens hat nämlich noch einen angenehmen Nebeneffekt: Man merkt sich die Namen leichter."

„Eine Frage hätte ich noch in diesem Zusammenhang."

„Heraus damit!"

„Gibt es eine Faustregel, wann man wie einen Namen am besten buchstabiert? Ich kann ja nicht grundsätzlich beginnen: ‚Grüß Gott, Renner, R – E – N – N – E – R.'"

„Das ist weder notwendig noch wünschenswert. Wenn Sie gebeten werden, zu buchstabieren, dann tun Sie es bitte nach der genormten Buchstabiertabelle. R wie Richard, E wie Emil usw. Sie können aber auch sehr artikuliert die einzelnen Silben nennen, das hilft meist auch schon sehr viel; reN-Ner. Und dann können Sie natürlich mit Vergleichen arbeiten; das vermittelt dem Zuhörer einen plastischen Eindruck. Zum Beispiel: ‚Renner, so wie Läufer.' Oder: 'Renner, so wie das Rennen.' Ihnen fällt sicher etwas Geeignetes ein."

„Toll! Ich glaube, Visitkarten abgeben kann ich mir jetzt zutrau'n. Nur: Wo ist der Laden, in dem man Telefonblumen kauft?"

„In Ihrem Kopf, Renner! Überlegen Sie! Was freut einen Gesprächspartner ebenso, wie eine Gastgeberin Konfekt?"

„Irgendein netter Satz? Ein Kompliment? Aber: Irgendwie kommt mir das so abgedroschen vor ... so hohl und leer."

„Ich weiß, Sie sind ein Individualist! Ich will auch nicht, daß Sie öde Sprüche klopfen. Meine Stoßrichtung ist eine andere: Wir können zwar alle an anderen herumkritteln. Wir stecken auch negative Kommentare mehr oder weniger beeindruckt weg. Doch wenn einem jemand etwas Freundliches sagt, werden wir mißtrauisch; und wenn wir dem anderen eine positive Rückmeldung geben sollen, haben wir einen Knoten in der Zunge und Ladehemmung. Dabei ist es so simpel! An jedem Menschen und an jeder Situation ist etwas Angenehmes, etwas erwähnenswert Freudiges. ‚Ich freue mich, Sie zu erreichen!' – wenn Sie dem Betreffenden schon länger nachgelaufen sind. ‚Schön, Ihre Stimme wieder zu hören!', ‚Nett von Ihnen, daß Sie noch nicht Feierabend machen!' ... Es gibt unendlich viele Möglichkeiten, Gefälliges zu sagen, ohne sich selbst untreu zu werden."

> **Geben Sie positive Rückmeldungen!**
>
> Im allgemeinen fällt es uns leichter, andere zu kritisieren und unser Mißfallen zu äußern, als andere anzuerkennen und unsere Zuneigung zu zeigen. Andererseits macht uns Bestätigung mißtrauisch, wir wittern Kalkül – obwohl wir alle Anerkennung brauchen wie Pflanzen den warmen Regen. Ertränken Sie andere nicht in Lobhudeleien, aber geben Sie wo immer Sie können positive Rückmeldungen, spenden Sie Respekt und Wertschätzung. Gerade im Telefonkontakt brauchen Sie jede Maßnahme, menschliche Wärme zu transportieren.

„Dazu brauche ich einfach nur etwas Praxis. Es macht Spaß, über all diese Dinge nachzudenken ..."

„Genau so, Herr Renner! Formulieren Sie aus der Situation heraus, was Ihnen gerade gefällt. Daß die Verbindung doch noch zustande gekommen ist; daß sich der Teilnehmer so schnell gemeldet hat; daß er sich Zeit für Sie nimmt ... Schöpfen Sie aus Ihrem Einfallsreichtum."

„Allmählich bin ich unheimlich neugierig, meine neuen Kenntnisse auszuprobieren."

„Dann lassen Sie sich nicht länger aufhalten. Machen Sie Ihre Sache gut!"

Mit Feuereifer ging Lukas an die Arbeit, und es lief wirklich sehr gut. Als Ernst Pfeiffer vorbeikam, hatte er zum ersten Mal den Eindruck, zu stören. Er war aber von seinem Chef geschickt worden, und so hockte er sich auf den Besuchersessel und wartete. Dabei verfolgte er aufmerksam die Telefonate.

Endlich war Lukas frei. „Du, heute bin ich in dienstlicher Mission hier, Kumpel. Mein Chef hat hier noch ein paar nervige Kandidaten; wenn du 'mal Gefahr läufst, größenwahnsinnig zu werden: An denen kannst du dir die Zähne ausbeißen."

„Lieb von dir, Pfiff, daß du jetzt schon an meinem Karriereknick arbeitest; du sorgst dich ehrlich um alles."

„Bin ja schließlich aus der Serviceabteilung! Und mein umfassendes Angebot sorgt nicht nur für deine Demotivierung, sondern vielleicht auch wieder fürs Gegenteil. Mir ist da nämlich etwas aufgefallen. War das ein typisches Gespräch, das du da geführt hast?"

„Ja, eher schon. Wieso?"

„Erinner' dich 'mal. Was sagst du meistens, wenn du mit den Leuten über unser Angebot und unsere aktuelle Aktion sprichst?"

„Wir haben eine Aussendung gemacht ... Wir möchten unsere neue Produktpalette präsentieren ... Wir möchten den ehemals guten Kontakt reaktivieren ... Ich soll mich nach grundsätzlichen Bedürfnissen erkundigen ... Die merken ja bald, daß ich nicht vom Fach und nicht mit Spezialkenntnissen gesegnet bin."

„Brauchst du ja gar nicht. Wenn jemand fachsimpeln will, hat er ohnehin schon offene Türen! Da brauchst du nur noch die Verbindung zum Techniker herzustellen. Ich red' von 'was anderem. Nämlich deinem ‚Wir haben ... wir möchten ... wir werden ... ich soll ... Wir ... wir ... wir ... ich ... Lukas, es geht nicht um uns! Es geht auch nicht um dich! Es geht um unsere Kunden! Um Sie! Um Sie! Um Sie!"

„Ich versteh' Bahnhof. Ich tu' doch die ganze Zeit nichts anderes, als mich um deren Käse zu kümmern."

„Herr Renner!" mischte sich jetzt Sabine ein und war plötzlich wieder ganz Frau Bach, „wenn Sie glauben, unseren Kunden wäre mit Käse gedient, dann scheren Sie sich in eine Molkerei! Solche Aussprüche in unglücklichen Momenten können fatal sein."

Das war also wieder ein unternehmensinterner Fettnapf. Madame reagierte, als hätte man sie persönlich beleidigt. Lukas mußte unwillkürlich an den kleinen Drachen Grisu denken, das energische Kerlchen mit den kleinen Giftwölkchen vor den weichen Nüstern. Wenn Sabines Nasenflügel bebten, hatte sie ungeheure Ähnlichkeit mit ihm. Dementsprechend versuchte er zwar, Betretenheit zu mimen, konnte sein Lächeln aber nicht verkneifen. Gott sei Dank lenkte sie mit dem nächsten Satz ein.

„Lukas, ich glaube, ich weiß, was unser lieber Souffleur meint. Es gibt eine Regel, die heißt etwas trocken: ‚3mal Sie, 1mal Ich'. Nur wenn Sie den Gesprächspartner direkt ansprechen, dann fühlt er sich auch angesprochen. Daß es ohnehin um ihn geht, denn sonst hätte man gar nicht erst angerufen, ist viel zu abstrakt. Mit jedem Satz muß der Kunde spüren, daß er im Mittelpunkt unseres Denkens steht!"

„Etwas weniger elegant ausgedrückt", assistierte Pfiff, „schalt' um auf Sie-Formulierungen. ‚Sie haben hoffentlich in den letzten Tagen unsere Aussendung erhalten; trifft das zu?' ‚Sie müssen aktuelle Informationen zur Hand haben, um den Markt einschätzen zu können.' ‚Sie bekommen von uns ausführliche Produktkataloge und telephonische Beratung.' ‚Ihr Nutzen liegt in einer direkten Kommunikation – das ist mein Auftrag!' ‚Sind Sie damit einverstanden?'"

„Das berücksichtige ich auch viel zuwenig", gab Sabine offen zu. „Dabei ist es nur ein bißchen Übung, und schon macht man es fast automatisch."

„Kommen sich die Gesprächspartner nicht gerollt vor, wenn man so mit Ihnen verfährt?" zweifelte Lukas.

„Mir scheint", philosophierte Pfiff vor sich hin, „es ist eher umgekehrt. Die erwarten von dir, daß du deinen Job sauber ausführst. Das dürfen sie erwarten; das darf auch der Betrieb hier von dir erwarten – und das gehört einfach dazu. Genauso wie du erwarten darfst, daß dir ein Kellner im Restaurant ‚Guten Appetit' wünscht, auch wenn ihm persönlich gleichgültig sein kann, wie groß dein Hunger wirklich ist."

Am Telefon zählt professionelle Höflichkeit!

Professionelle Höflichkeit hat nichts mit Unterwürfigkeit, mit siebensüßem Gezwitscher, mit Betulichkeit oder mit Schleimerei zu tun – Klappern (mit den Augendeckeln) gehört zum Handwerk. Und da man das schon wieder nicht sieht, sind alle anderen Mittel in Ordnung, die Ihnen recht sind. Suchen Sie Ihren eigenen

> Weg, unabhängig von Ihrer Laune und Ihrer Tagesverfassung, umgänglich und entgegenkommend zu sein.

„Pfiffikus, du bist nicht blöd! Ich glaube, unser heutiges Bier zahl' ich. Die Nachhilfestunden bei dir amortisieren sich."

„Du bist so höflich; was führst du im Schilde?" „Ha! Bist du auch so einer, der sich nicht ohne Mißtrau'n etwas Nettes sagen lassen kann? Genau das verklicker ich dir dann."

„Gebongt! Jetzt geh' ich meinen Erfolg melden, daß unsere dicken Hunde auf deinem Schreibtisch ein warmes Körbchen gefunden haben."

Sabine und Lukas bastelten noch ein wenig an ihren Sie-Formulierungen: „Fällt Ihnen zu ‚ich werde mich bemühen ...' eine Alternative ein?" sinnierte Sabine. „Für Sie reiße ich mir die Haxn aus! ... Nein, das ist undamenhaft! Ich glaube, wir sollten es nicht übertreiben. Im Prinzip liegen wir sicher richtig, wenn wir einfach in unserem Phrasengarten das Unkraut zupfen; da ändert sich schon genug."

„Da fällt mir ein, daß ich – bzw. wir – überhaupt auf unsere Ausdrücke achten müssen. Vieles kann man viel geschickter formulieren, als wir das im allgemeinen Umgang tun."

„Meinen Sie damit, daß wir zu selten ‚gern', ‚selbstverständlich', ‚sofort', ‚freilich', ‚gewiß', ‚sicherlich' einstreuen? Das muß ich mir nämlich auch immer wieder bewußt machen. Diese kleinen Wörtchen wirken so harmlos und sind doch so wirksam. Alles Gesagte bekommt eine unaufdringliche Note. So, als könne man durch einen Weichzeichner sprechen."

> **Lächeln Sie mit Worten!**
>
> Abgesehen davon, daß man physisches Lächeln hört, daß Sie also, wann immer es Ihnen beim Telefonieren gelingt, Ihren Telefonpartner anlächeln sollten, können Sie darüber hinaus auch mit kleinen Worten lächeln. Streuen Sie Wörtchen wie ‚gern', ‚selbstverständlich' in Ihre Sätze ein, und vermitteln Sie Ihrem Gesprächspartner, daß Sie freudig bei der Sache sind!

„Bestimmt. Das auch. Aber ich wollte im Moment auf anderes hinaus. Es sagt sich so schnell: ‚Das weiß ich nicht' statt ‚ich werde fragen; Frau XY ist darüber informiert; ‚das geht nicht' statt ‚das darf ich nicht allein entscheiden'; ‚das kann ich nicht' statt ‚ich will es gern versuchen'."

> **Tue Gutes und rede darüber!**
> Dieser Slogan aus dem Marketing hat auch fürs Telefonieren seine Richtigkeit: Bemühen Sie sich um Ihren Gesprächspartner und sagen Sie ihm auch, was Sie machen wollen, was Sie machen werden, wie Sie sich für ihn einsetzen werden, und drücken Sie aus, wie sehr Ihnen an ihm liegt.

„Das vermittelt dem Zuhörer eine ganz andere Perspektive. Das eine ist fast, als ob man mit voller Geschwindigkeit gegen eine Wand prallt; und bei der anderen Version ist in der Mauer eine Öffnung, durch die man gegebenenfalls schlüpfen kann."

„Also dann! Lukas, ich schlüpfe wieder zu meinen Mauerseglern." Sabine wandte sich ihrem Arbeitsplatz zu, und Lukas versuchte, sich wieder auf das Seine zu konzentrieren. Irgendwie fand er keinen rechten Einstieg, und so beschloß er, sich etwas die Füße zu vertreten. Er kam bei einer gänzlich in ihr Telefonat versunkenen Angelika Wollner vorbei, der er unwillkürlich fasziniert lauschte. Als sie geendet hatte, sprach er sie an:

„Darf ich stören? Ich habe Ihnen zugehört, und nun gehen mir einige Fragen durch den Kopf."

„Lassen Sie uns darüber reden! Fragen gehören geklärt! Worum geht es denn?"

„Mir ist aufgefallen, daß sich ein Gespräch, das von Frau Bach geführt wird, und ein Gespräch, das Sie führen, ganz anders anhören. Ich weiß auch nicht, warum."

„Könnte es sein, daß ich schon wieder in sehr langen Sätzen spreche? Ich vergesse immer noch manchmal, daß ich gerade am Telefon kurze Sätze machen muß. Die sagt man, ohne sich zu verhaspeln, und sie lassen sich vom Zuhörer auch leichter merken. Frau Bach kann das sehr gut."

> **Sprechen Sie in kurzen Sätzen!**
> Beim Zuhören kann man Sätze bis zu 16 Worten behalten, dann verliert man den Faden. Es ist besser, Sie unterfordern manche Ge-

sprächspartner von der Struktur Ihrer Sätze her und holen Sie durch Fragen zurück. Überforderung macht auf alle Fälle mißmutig.

„Nein, das ist es nicht. Eher das Gegenteil! Man hört relativ wenig von Ihnen, und dennoch merkt man, daß Sie da sind. Mich fragt man hin und wieder, ob ich noch dran bin, nur weil ich mich bemühe, nicht zu unterbrechen."

„Ahh! Jetzt weiß ich, was Ihnen durch den Kopf geht. ‚Aktives Zuhören' nennen wir das. Das sollte man lernen, um am Telefon professionell zu agieren."

„Gibt es da mehr, was ich beachten muß?"

„Fünf Punkte gibt es, die Sie beherzigen sollten – für jeden Finger Ihrer Hand einen:
1. Aufmerksamkeitsreaktionen
2. Rückmeldungen (Feedback)
3. Verständnisbeweise (paraphrasieren)
4. Gefühlsvermittlung (verbalisieren)
5. Zusammenfassung."

„Aufmerksamkeitsreaktionen. Sind das die regelmäßigen ‚hm-hm', ‚aha', ‚ja', ‚so so', die von Ihnen immer wieder zu vernehmen sind?"

„Genau, die sind es. Jeder Mensch braucht die sich wiederholende Zusicherung, daß man seine Aussagen verfolgt, daß man mitgeht. Wenn man einander nicht sehen kann, noch viel häufiger. Bedenken Sie doch bitte, daß man während eines Gesprächs öfter mit dem Kopf nickt, seinem Gegenüber zuzwinkert, die Augenbrauen hochzieht oder senkt, die Stirn runzelt oder die Nasenflügel bläht ... das sind alles Hinweise für den anderen, daß er nicht ins Leere spricht. All diese gewohnten Rückversicherungen, beachtet zu werden, entfallen am Telefon."

„Für mich ist das irgendwie das gleiche wie ‚Feedback'!"

„In diesem Zusammenhang ist ‚Feedback', daß Sie Ihren Telefonpartner zusätzlich in kleinen Atempausen aufmuntern, weiterzusprechen. ‚Sehr interessant', ‚sprechen Sie bitte weiter', ‚ich verstehe', ‚wirklich?', ‚ich höre gespannt zu', ‚so etwas!', ‚erzählen Sie bitte mehr ...' Geben Sie dem anderen die Rückmeldung, daß Sie ihn nicht bloß reden lassen, sondern ihm gern zuhorchen."

„Was habe ich mir nun unter den Verständnisbeweisen vorzustellen?"

„Hier gibt es drei verschiedene Vorgehensweisen; jede hat ihre besonderen Vorzüge. Man unterscheidet halblaute Echo-Antworten, normale Echo-Antworten und Paraphrasen. Bei den halblauten Echo-Antworten geht es vor allem darum, den Aussagen des Partners und damit ihm selbst besonderes Gewicht zu verleihen. Man spricht eine Bemerkung des anderen halblaut nach, als ob man sie notiert (mitunter ist es sogar gut, sich diesbezüglich Notizen zu machen). Auf diese Weise wird klar, daß Sie die Angaben sorgsam behandeln. Um zu dokumentieren, daß Sie genau zuhören und sich das Gesagte auch merken, ist es günstig, ganze Sätze normal laut zu wiederholen. So lenken Sie die Aufmerksamkeit auf bestimmte Auskünfte und stärken gleichzeitig die Erinnerung. Außerdem erfährt Ihr Gesprächspartner eine starke Bestätigung, denn er hört nun seine eigenen Worte aus einem anderen Mund. Unabhängig davon, ob das Echo nun halblaut oder normal laut ist, es reflektiert die Bedeutsamkeit des anderen. Daneben haben Sie noch die Möglichkeit, das Gesagte in eigenen Worten zu wiederholen; hier spricht man von Paraphrasen. Man versucht, den Gedanken des Gesprächspartners anders zu formulieren. Diese Technik ist besonders günstig, wenn man überprüfen möchte, ob man richtig verstanden hat. Es kann ja vorkommen, daß man zwar dasselbe Wort benützt, aber jeder etwas anderes darunter versteht. Wenn Sie aktiv zuhören wollen, müssen Sie jederzeit in der Lage sein, das Problem des anderen zu Ihrem eigenen zu machen. Das gelingt am besten, wenn Sie mit einer anderen Formulierung den Kern der Aussage wiedergeben können. Hier geht es also nicht darum, wie ein Papagei nachzuplappern, sondern selbständig den Standpunkt des anderen nachzuvollziehen."

„Funktioniert das so ähnlich wie in der Schule? Wenn man einem anderen etwas erklären kann, dann hat man es verstanden?"

„Ja, das liegt auf derselben Ebene. Was Sie zu dem Ihren gemacht haben, das können Sie auch auf Ihre Weise ausdrücken."

„Obwohl ich in beiden Fällen wiederhole, haben das Echo und die Paraphrase ganz unterschiedliche Funktionen: Das Echo macht den anderen wichtig, und die Paraphrase klärt bzw. beugt Mißverständnissen vor."

„Ganz richtig. Aktives Zuhören ist eine wunderbare Technik, gute Kontakte herzustellen und zu pflegen. Dazu muß man aber nicht nur das beachten, WAS der andere sagt, sondern man muß auch das WIE richtig einordnen können."

„Der Ton macht die Musik?"

„Nicht nur. Es gibt viele kleine Hinweise, die es zu beachten gilt. Ist der Telefonpartner gehetzt? Ist der Hintergrund unruhig? Wirkt er, egal was Sie sagen, mürrisch? Muß man aus seinen Andeutungen schließen, daß er sich über etwas Sorgen macht? Scheuen Sie sich nicht, diese Gefühle anzusprechen! Negative Gefühle stören ein Gespräch unnötig. Wenn Sie selbst der Auslöser sind, ist es höchste Zeit, alle Hebel in Bewegung zu setzen, es wieder gut zu machen – das bringt Sympathie! Sind Sie nicht der Auslöser, dann werden Sie zum Vertrauten – das bringt noch mehr Sympathie! Sie sehen, Sie können nur gewinnen! Und wenn Sie ein Gefühl falsch deuten, dann macht das auch nichts: Der Gesprächspartner klärt Sie schon auf und führt Sie auf die richtige Spur."

„Soll ich denn jetzt auch noch Detektiv spielen?"

„Gewissermaßen, ja! Sie versuchen, herauszufinden, was unsere Kunden bewegt. Das ist manchmal mehr als detektivische Puzzlearbeit; aber aktives Zuhören hilft entscheidend weiter! Wenn ein Mensch spürt, daß er für den Geschäftspartner mehr ist als eine finanzielle Melkkuh, wenn er realisiert, daß es nicht nur um einen möglichst lukrativen Auftrag geht, sondern auch um Bedürfnisbefriedigung, dann ist zumeist das Eis gebrochen. Wohlüberlegtes Einbeziehen von Gefühlslagen erhöht da noch den Schmelzpunkt!"

57 Kunden wollen Menschen sein – nicht bloß Verdienstquellen!

Bemühen Sie sich, zu erfassen, was Ihr Telefonpartner wirklich sagt: Hören Sie aktiv zu. Manchmal erfährt man zwischen den Worten Wichtigeres als auf die konkreten Fragen. Lauschen Sie, was der Gesprächspartner Ihnen noch alles verrät, vielleicht können Sie ja noch einen anderen Bedarf decken.

„Bezieht sich das nur auf negative Empfindungen, oder darf man auch 'mal die kleinen Freuden des Alltags mit einbeziehen?"

58 Nützen Sie den Recency-Effekt!

Das menschliche Gehirn merkt sich gemeinhin das Ende besser als den Anfang und alles Dazwischenliegende. Das nennt die

> Gedächtnisforschung Recency-Effekt. Auf diesem Phänomen basiert z.B. die Praxis, Bühnenshows mit einem prachtvollen Finale enden zu lassen. Betonen Sie am Ende Ihres Gesprächs noch einmal all das Angenehme und Positive des Telefonats – dann bleibt es sicher in der Erinnerung des Gesprächspartners haften!

„Aber freilich! Das ist sogar ein besonders raffinierter Dreh gegen Abschluß eines Telefonats. Wenn Sie in dieser Phase öfter betonen, wie entspannt doch das Gespräch verläuft, welche Freude es macht, mit so einem kompetenten Partner zu verhandeln, wie zufrieden Ihre Zielperson mit Ihrer Entscheidung sein wird, dann haben Sie einen Trumpf in der Hand, der eigentlich immer sticht."

„Es wird doch nicht bei jedem Gespräch etwas entschieden?"

„Es fällt bei jedem Telefonat eine Entscheidung. Und sei es die, daß Sie sich zum Teufel trollen sollen. Dann haben Sie immer noch die Gelegenheit, die berechtigte Enttäuschung Ihres Gesprächspartners anzusprechen und nachzufragen, was Sie nun tun können, damit er mit diesem bitteren Nachgeschmack nicht alleine bleibt. Einfühlungsvermögen bekommt auch noch so verfahrene Karren immer wieder flott."

„Irgendwie vermitteln Sie mir den Eindruck, als hätten Sie Vergnügen daran, hier mit mir zu sitzen, Frau Wollner!"

„Vergnügen? Mir macht das einen Riesenspaß! Erstens liebe ich meine Arbeit, zweitens genieße ich alles, was mit dem Telefonieren zusammenhängt, und drittens machen Sie laufend Fortschritte; das zu beobachten, gibt natürlich auch Auftrieb. Da soll mir die Freude nicht aus den Knopflöchern lachen?"

„Ich habe also regelmäßig ‚mh-mh' gemacht und ‚ah-ja' gesagt, damit mein Telefonpartner nicht glaubt, ich wäre längst nach Hause gegangen, ich hab' manche Sätze wortgetreu wiederholt und manche dem Sinn nach, ich habe zwischendurch auch ‚sehr interessant' eingestreut und ehrlich überrascht ‚was Sie nicht sagen!', ich habe seinen Ärger beim Namen genannt und mich mit ihm über den positiven Verlauf unseres Gesprächs gefreut; was soll ich jetzt noch zusammenfassen?"

„Herr Renner, Sie sind ein Phänomen! Sie machen es instinktiv richtig und wundern sich!"

„Wie meinen Sie das?"
„Ihr gesamter letzter Beitrag war nichts als eine Zusammenfassung unseres Gesprächs. Er brachte uns in Erinnerung, weshalb wir beisammen gesessen und die letzte halbe Stunde miteinander verbracht haben. Sie haben noch einmal Revue passieren lassen, was gesprochen wurde und zu welchen Ergebnissen wir gekommen sind. – Wir haben also ein Erfolgserlebnis. Genau das soll die Zusammenfassung bezwecken: Sie soll, während und am Ende des Gesprächs, den Erfolgsnachweis führen. Wir wollen alle Erfolg haben; also bringen Sie sich und Ihren Gesprächspartnern immer wieder ins Bewußtsein, daß etwas weitergegangen ist."

59 Fassen Sie immer wieder zusammen!
Bemühen Sie sich, ca. alle zwei Minuten oder bei Wendepunkten des Gesprächs, kurz zusammenzufassen. So können Sie
- zerfasernde Gespräche zum Thema zurückholen,
- zeigen, wie weit das Gespräch schon gediehen ist,
- einen Erfolgsnachweis führen,
- in kritischen Situationen an der letzten Übereinstimmung anknüpfen.

„Laufe ich nicht Gefahr, wenn ich zwischendurch ein Resümee versuche, daß das Gespräch dann vorzeitig als beendet gilt?"
„Keine Angst! Bleiben Sie mit der Stimme am Satzende oben, dann klingt es wie eine Frage, und Fragen heizen automatisch an. Sagen Sie einfach ‚zwischendurch zusammenfassen', ‚vorläufig zusammenfassen'; das macht auch deutlich, daß noch kein Ende in Sicht ist."
„Kann ich diesen Effekt nicht auch mit den Paraphrasen erreichen?"
„Ja und nein; die Grenzen sind fließend. Es hat auch für die Praxis wenig Bedeutung, genau zu definieren, wann eine Wiederholung noch eine Paraphrasierung ist und wann schon eine Zwischenzusammenfassung. Mir ist wichtig, daß Sie es tun, egal wie Sie es nennen. Solange Sie immer wieder festhalten, was im Gespräch besprochen worden ist, schlagen Sie zwei Fliegen mit einer Klappe: Sie weisen nach, daß sich etwas entwickelt; und Sie bekämpfen das Vergessen. Viele Menschen halten Gespräche nur deshalb für unergiebig, weil sie sich an wichtige Einzelheiten

nicht mehr erinnern. Je öfter Sie wiederholen, desto genauer bleiben auch Details im Gedächtnis haften."

„Das habe ich noch gar nicht bedacht, daß uns eine gute Erinnerung nur nützlich sein kann."

„Vor allem – und dazu muß ich Sie nachdrücklich auffordern – wenn Sie prinzipiell an die letzte Zusammenfassung eine Aktion Ihrerseits knüpfen, die Sie dann auch unverzüglich ausführen müssen. Hier gibt es grundsätzlich kein Vergessen (wegen der Protokolle) und kein Verzögern. Zum Beispiel: ‚Sie haben also keinen aktuellen Bedarf, aber Sie sind generell an unseren Neuigkeiten interessiert. Ich darf Ihnen unsere Prospekte in den nächsten Tagen zusenden. Die Preisliste werde ich sofort faxen, damit Sie Vorinformationen bereits in der Abteilungsleiterbesprechung am Nachmittag präsentieren können.' So knüpfen Sie an die Zusammenfassung auch eine konkrete Handlung."

„Aktives Zuhören bedeutet also auch, daß ich nach dem Gespräch aktiv sein muß."

> **Koppeln Sie an das Resümee eine Aktion!**
>
> Versuchen Sie, so oft wie möglich, im Anschluß an ein Telefonat für den Kunden etwas zu tun. Lassen Sie Ihrer Kreativität freien Lauf und gehen Sie ruhig unkonventionelle Wege. Man kann verschiedenste Hinweise faxen, diverses Material mit ein paar netten Zeilen verschicken – zeigen Sie Flagge!

„Ja, auf Ihren Lorbeeren können Sie sich hier leider nicht ausruhen, die brauchen wir nämlich für Siegerkränze."

„Hab' schon verstanden! Das war wohl der Startschuß fürs nächste Rennen? Renner spurtet schon!"

„Sachte, sachte, stürmisches Fohlen ...", rief ihm Frau Wollner noch nach, aber er war schon in seinem Zimmer verschwunden.

Dort lauschte Lukas vorerst einer zügig und dennoch zuvorkommend agierenden Sabine Bach.

„Sabine", konstatierte er, nachdem sie geendet hatte, „das war gerade eine Sondervorstellung von ‚aktivem Zuhören'. Ich glaube, so muß sich das anhören. Dennoch hab' ich den Eindruck, daß da bei Ihnen noch etwas anders ist, als ich es erwartet hätte. Mir fallen viele angefangene Sätze in Ihren Sequenzen auf; werden Sie von den Leuten so oft unterbrochen?"

„Uii! Ertappt! Nein, das hat nichts mit unterbrochen werden zu tun, das ist ein kleiner Trick, um Menschen zum Reden zu bringen."

61 Begonnene Sätze animieren zum Vollenden!
Legen Sie mit Satzanfängen die Fährte, auf der Sie den ‚Fuchs Kunde' haben wollen. Bleiben Sie an der Sollbruchstelle des Satzes mit der Stimme oben, so daß der Gesprächspartner Ihnen automatisch ins Wort fällt! Damit animieren Sie zum Sprechen. Allerdings:
Unterbrechen Sie nie den Gesprächspartner! Legt er Ihnen eine ähnliche Spur, reagieren Sie mit einem ruhigen: „Ja! Ich höre."

„Das ist ein kleiner Trick ...?" faßte Lukas nach.

„... um Menschen zum Reden zu bringen. So ist es. Und wie Sie gerade gemerkt haben, so funktioniert es auch. Einer meiner liebsten Satzanfänge ist: ‚Sie möchten doch sicher keine Zeit verschwenden, damit ...' oder: ‚Sie, als Experte auf dem Gebiet, können mir sicher sagen ...' oder: ‚Sie entscheiden wahrscheinlich nach spezifischen Gesichtspunkten, denn ...' – Solche Sätze werden von den Leuten liebend gern in deren Sinn vervollständigt. Auf diese Weise treiben Sie das Gespräch in die von Ihnen gewünschte Richtung, und ich bekomme die Information, wie es weitergehen soll. So lasse ich mich leiten, ohne daß der Gesprächspartner den Eindruck gewinnt, ich wüßte nicht, wohin ich wollte."

„Raffiniert! Und ich habe immer geglaubt, unterbrechen wäre am Telefon eine Todsünde?"

„Unterbrechen ist auch eine Todsünde. Egal, wie uninteressant Ihnen das erscheint, was Ihr Gesprächspartner von sich gibt, wie eilig Sie es haben oder wie nervös Sie das Gefasel macht: Unterbrechen dürfen Sie nie. Aber sich unterbrechen lassen ist etwas anderes. Diese unvollständigen Sätze haben ja ihre Sollbruchstellen – Da steckt Kalkül dahinter."

„Sabine, Sie beeindrucken mich immer wieder. Was tun wir heute noch?"

„Sie werden staunen! Wir holen uns noch Input. Nur weiß ich noch nicht ganz genau, was es sein soll."

„Mmh – bei diffusen Beschwerden empfiehlt sich die Diagnosestellung durch den Hausarzt. Haben Sie einen?"

„Ich nicht, aber Sie. Wo steckt denn Pfiff?"

„Ich höre, man ruft nach mir und mich dürstet nach Feierabend", tauchte der Joker im Spiel wieder einmal rechtzeitig auf.

„Nix da, mein Lieber. Sabinchen hat Überstunden angeordnet. Sie hat unbestimmte Mängel an unseren Telefonierkenntnissen ausgemacht, die noch am heutigen Tag zu beseitigen sind."

„Pfiff, Sie können uns sicher helfen. Sie hören uns doch manchmal beim Arbeiten zu. Ist Ihnen irgend etwas aufgefallen?"

„Wenn mir konkret etwas auffällt, dann halte ich damit ja nicht hinterm Berg. Das einzige, was ich aber auf mich zurückgeführt habe, wäre: Bei längeren Gesprächen schlafen mir die Füße ein."

„Was muß ich hören?" tauchte plötzlich Frau Wollner auf, „wer oder was frönt hier dem Büroschlaf?"

„Meine Füße, wenn ich den beiden beim Telefonieren zuhöre", bekannte Pfiff offen.

„Na, da haben wir's ja!" freute sich Frau Bach. „Genau da sitzt der Hase im Pfeffer. Die Gespräche sind langweilig. Und wenn Langeweile aufkommt, dann stimmt etwas nicht. Genau da brauchen wir noch Input."

„Das ist kein Beinbruch! Dieses Problem löst Ihr selbst. Was tut ein Regisseur, damit das Publikum nicht heimgeht?"

„Er schaut, daß auf der Bühne etwas los ist", analysierte Pfiff.

„Wie macht er das?" fragte die Verkaufsassistentin weiter. „Er schafft Abwechslung", überlegte Lukas. „Nicht so allgemein", korrigierte sie. „Er gibt den Leuten etwas zu hören und zu sehen", erinnerte sich Sabine an ihren letzten Theaterabend. „Jawohl! Er beschäftigt die Sinne des Publikums", kam Frau Wollner auf den Punkt. „Und genau das werdet Ihr mit Euren Kunden nun auch machen."

Beschäftigen Sie die Sinne des Telefonpartners!

Jeder Mensch hat fünf Sinne, und die wollen auch gebraucht werden. Je bewußter Sie alle fünf Sinne eines Gesprächspartners mit einbeziehen, desto unwiderstehlicher wird er Ihr Angebot finden. Die meisten Produkte werden nicht aus einem akuten Bedarf heraus gekauft, sondern aus emotionellen Gründen. Die Emotionen, die Gefühle Ihres Gesprächspartners erreichen Sie aber nur über die Sinne. Und weil Ihnen nur die akustische

> Schiene bleibt, Ihren Telefonpartner zu erreichen, nennen Sie
> die Empfindungen beim Namen. Sprechen Sie über Aussehen,
> Styling, Design, Geräusche, Töne, Stile, Gerüche, Geschmack,
> Oberflächenstrukturen, Stabilität, Robustheit, Verfeinerung ...

„Sollen wir singen und Witze erzählen? Wir haben ja nur die Ohren unserer Gesprächspartner", bremste Lukas die Euphorie. Er sah noch keinen Sinn in der Sache.

„Die Grundlagen erzähle ich noch schnell", versprach Angelika Wollner. „Dann muß ich leider weg. Den Rest könnt Ihr auch ohne mich."

„Da bin ich jetzt aber gespannt, wie Telefonregie funktioniert", drängte Pfiff neugierig.

„Telefonregie ist nicht ganz zutreffend", modifizierte die Fachfrau. „Anatomie für Telefonprofis trifft's besser! Es geht um folgendes: Unser Gehirn besteht aus zwei Hälften, der rechten und der linken Hemisphäre. Die beiden sind durch einen dicken Nervenstrang – den Balken – verbunden. Diese Gehirnhälften sind sehr unterschiedlich organisiert, können ganz Verschiedenes und haben einander ergänzende Aufgaben. Alles Logische, Sachliche, Rationelle kommt aus der linken Gehirnhälfte. Sie ist für kluge Analysen und das Verarbeiten trockener Facts zuständig. Die rechte Hemisphäre kümmert sich um Gegenteiliges: Sie ist verantwortlich für bildliches Denken, für die Emotionen, sie fügt Informationen zu einer Synthese, sie erfaßt Gesamtheiten. Auf diese Weise passen die zwei zusammen wie Schlüssel und Schloß – solange beide ausreichend beansprucht werden. Über den Balken kommunizieren die Gehirnhälften und verhelfen uns zu einem Gesamtbild der Welt. Leider neigen wir aber in unserer versachlichten Welt dazu, die linke Gehirnhälfte überzustrapazieren und die Aktivitäten der rechten verpuffen zu lassen. Das nimmt sie übel, denn niemand schätzt es, übergangen zu werden. Deshalb wehrt sie sich, indem sie ihre Energien subversiv einsetzt: Sie stört die linke Hemisphäre bei der Arbeit, lenkt sie ab und verhindert, daß diese sich konzentrieren kann; sie spukt einfach durch den Balken in die Gehirnströme der anderen Hälfte."

„Das klingt ja beängstigend", murrte Pfiff. „Muß man sich das gefallen lassen?"

„Eben nicht!" stieß Frau Wollner nach, „darum geht es ja gerade! Wenn man um dieses Phänomen weiß, kann man sich darauf einstellen. Damit die rechte Gehirnhälfte die linke nicht aus Fadesse ablenkt, muß sie eben beschäftigt werden. Oder anders gesagt: Wenn wir wissen, daß die Konzentration unserer Zuhörer leidet, sobald wir nur die linke Hemisphäre mit Daten und Fakten füttern, werden wir gut daran tun, auch das Bildlich-Emotionale in unser Konzept miteinzubeziehen."

„Und wie soll das funktionieren?" wunderte sich Lukas.

„Ich könnte mir vorstellen," überlegte Sabine, „indem man nicht ausschließlich beteuert, der Energieverbrauch der Maschinen würde sich durch unser Schmiermittel verringern, sondern indem wir die Ersparnis illustrieren. So nach dem Motto: Mit dem Strom, den sie dadurch sparen, können Sie im Winter einen Monat lang das Bürohaus heizen."

„Ja, Frau Bach, genau so funktioniert das. Mit der Wärme und dem Wohlgefühl durch ein temperiertes Büro haben Sie das Gefühl, den Tastsinn, angesprochen; aber wir haben ja noch vier andere Sinne! Beziehen Sie nach und nach alle Sinne in Ihre Bilder und Vergleiche mit ein. Am leichtesten ist das, wenn Ihr ganz bewußt viele Eigenschaftswörter benützt und an diese die vergleichenden Bilder anhängt. Damit sind rechte und linke Gehirnhälfte gleichberechtigt am Geschehen beteiligt, und ihr Gesprächspartner ist voll und ganz bei der Sache."

„Weil er, wie bei einem spannenden Krimi, fast miterlebt, was sich für ihn alles verbessert?" jubelte Pfiff und schlug sich mit der flachen Hand auf den Oberschenkel.

„Unter Umständen, Herr Pfeiffer! Ich merke, Ihr seid auf dem richtigen Weg. Seid so lieb, helft euch nun gegenseitig auf die sinnlichen Sprünge. Ich bin dahin ..."

„Sehen, hören, riechen, schmecken, tasten", rekapitulierte Lukas. „Sie werden sehen, daß der Wartungsbedarf ihres Maschinenparks zurückgehen wird ..."

„Bei ihrem nächsten Rundgang durch die Produktionshallen werden sie hören, daß die Aggregate ruhiger arbeiten", spann Sabine den Faden weiter. „Und durch den geringeren Abrieb entstehen weniger geruchsbildende Stoffe. Aber was schmeckt man?"

„Ist doch wurscht", meinte Pfiffikus, „wir müssen es nicht übertreiben. Hauptsache, wir untermalen unsere Informationen mit möglichst vielfältigen Vergleichen, damit man sich etwas vorstellen kann. Das ist wichtig wie Salz in der Suppe."

„Also, ich werd' mir abends zu Hause noch ein paar Vergleiche durch den Kopf gehen lassen", suchte die Dame des Terzetts einen möglichst eleganten Abgang, „jetzt brummt mir der Schädel wie ein Bienenstock. Ich mach' Schluß; bis morgen, meine Herren!"

„Frauen sind offenbar doch vernunftbegabte Wesen", konstatierte Pfiff. „Komm, Lukas, das ist das Sinnigste, was wir heute noch tun können: Abzischen ..."

„... wie eine fabriksneue Rakete. So long miteinander!"

63 Bebildern Sie Ihre Sprache!

Ein Bild sagt bekanntlich mehr als tausend Worte. Zur Not kann man ein Bild auch verbal durch die Telefonleitung schicken. Es kostet einige Übung, seine gebräuchlichsten Adjektive oder die für das Produkt wichtigsten Eigenschaftswörter mit einem Symbol zu verbinden. Überlegen Sie sich das in Ruhe und prägen Sie sich diese Kombinationen ein. Das ist leicht wie ein Kinderspiel und lustig wie eine Schneeballschlacht ...

ÜBERSICHT

▶ **Aussagen konkret machen**

❏ **den eigenen Sprachdschungel aufforsten:**
Wo bin ich in meinen Formulierungen unpräzise?

❏ **gesunde Jungpflanzen nachsetzen:**
Wie sage ich's genauer?

❏ **fremde Aussagen hinterfragen:**
Wie meinen Sie das genau?
Was verstehen Sie unter ...?
Was bedeutet das für Sie ...?

❏ **Übereinkünfte kontrollieren:**
Habe ich das richtig verstanden: Wir wollen ... ?
Sie erwarten ...?
Ich werde ...?

❏ **Vereinbarungen für den Moment treffen:**
Im Rahmen dieses Gesprächs bedeutet xy zwischen uns, daß ... (z.B. „prompte Lieferung": daß die Ware zwischen erstem und zehntem des Monats eintreffen wird.)

▶ **Der geglückte Gesprächsbeginn**

❏ **die Visitkarte abgeben:**
Name und Firma deutlich nennen, wiederholen

❏ eine freundliche Bemerkung machen

❏ **Interesse am Gesprächspartner zeigen:**
Erkundigen, ob Situation günstig
Erkundigen, ob Vorbereitung nötig
Erkundigen, ob Informationen, die man über den Gesprächspartner hat, richtig sind
(„Stimmt es, daß Sie der Leiter der Abteilung „Privatkredite" sind?"
„Stimmt es, daß Sie als Einkaufsleiter Unterlagen über unsere Neuheiten angefordert haben?")

Namen korrekt kommunizieren

❑ buchstabieren nach der Buchstabiernorm

A =	Anton	**N** =	Nordpol
B =	Berta	**O** =	Otto
C =	Cäsar	**P** =	Paula
D =	Dora	**Q** =	Quelle
E =	Emil	**R** =	Richard
F =	Friedrich	**S** =	Siegfried
G =	Gustav	**T** =	Theodor
H =	Heinrich	**U** =	Ulrich
I =	Ida	**V** =	Viktor
J =	Julius	**W** =	Wilhelm
K =	Konrad	**X** =	Xaver
L =	Ludwig	**Y** =	Ypsilon
M =	Martha	**Z** =	Zürich
Ä =	Ärger	**Sch** =	Schule
Ö =	Österreich	**Ch** =	Chor
Ü =	Übel	**Ph** =	Pharao
ß =	scharfes S		

❑ die einzelnen Silben nennen
❑ den ganzen Namen mit einem ähnlichen Bild vergleichen
❑ **WICHTIG: beim geringsten Zweifel nachfragen:** Wie darf ich Ihren Namen schreiben?
❑ Die Pause hat eine magische Kraft.

Die Kunst der Pausen

❑ Durch Pausen erzeugen Sie Spannung.
❑ Wer Pausen macht, gibt dem anderen Gelegenheit zum Nachdenken.
❑ Pausen bringen den anderen zum Sprechen.
❑ Pausen helfen, besser zuzuhören.
❑ Wer Pausen macht, wirkt sympathisch!

Aktiv Zuhören

- Aufmerksamkeitsreaktionen
- Rückmeldungen (Feedback)
- Verständnisbeweise (paraphrasieren)
- Gefühlsvermittlung (verbalisieren)
- Zusammenfassung

Die fünf Sinne beschäftigen

- sehen
  groß wie ein Flugzeugträger
  groß wie die Freude am Kindergeburtstag
  klein wie ein Ameisenjunges
  dick wie ein Saurier
  dünn wie ...

- hören
  laut wie eine Höllenmaschine
  schrill wie eine Sirene
  dumpf wie Bässe in der Disco
  gellend wie ...

- riechen
  fruchtig wie Melonen
  stechend wie eine Räucherkammer
  angenehm wie ...

- schmecken
  scharf wie Chilli
  süß wie Nektar
  sauer wie ...

- fühlen
  weich wie Wolle
  rauh wie Borke
  schnell wie der Blitz
  glatt wie ...

ARBEITSBLATT

Ich-Formulierung – Sie-Formulierung

Überlegen Sie sich geeignete „Sie-Formulierungen":

Beispiele: Sie . . . . erhalten
Sie . . . . bekommen
Sie . . . . haben den Nutzen, Vorteil ...
Sie . . . . gewinnen
Sie . . . . profitieren

❏ Ich möchte Sie über unser neues Produkt informieren.

___

❏ Ich möchte Ihnen ein Angebot machen.

___

❏ Ich möchte wissen, ob ...

___

❏ Ich hätte Ihnen gern ... geschickt.

___

❏ Ich möchte nur fragen, ob ...

___

❏ Ich weiß, ..., aber ...

___

❏ Ich habe ein hervorragendes Offert.

___

❏ Ich kann Ihnen zusätzlich spezielle Serviceleistungen bieten.

___

❏ Ich möchte Sie nicht drängen.

___

❏ Ich will ja nur kurz ein paar Punkte klären.

___

 Legen Sie sich eine Karte mit dem Hinweis
3 x SIE, 1 x ICH auf Ihren Schreibtisch!

ARBEITSBLATT
Zuhörtraining

Bitte überlegen Sie:

Warum sind viele Menschen schlechte Zuhörer?

_____

_____

Können Sie immer gut zuhören? ❏ Ja ❏ Nein

Möchten Sie persönlich besser zuhören können? ❏ Ja ❏ Nein

Warum hört man oft schlecht zu?

_____

_____

_____

Nennen Sie einige Tips für besseres Zuhören!

_____

_____

Hier einige Formulierungen, die dem Gesprächspartner Ihre Aufmerksamkeit bezeugen:

- ❏ Interessant, was Sie das sagen!
- ❏ Das hätte ich nicht gedacht!
- ❏ Haben Sie das persönlich erlebt?
- ❏ Was Sie nicht sagen!
- ❏ Wann; wo; wie; warum?

- ❏ Donnerwetter!
- ❏ Kaum zu glauben!
- ❏ Sicherlich!
- ❏ Interessant!
- ❏ Ausgezeichnet!
- ❏ Erzählen Sie weiter!

Überlegen Sie sich als Zuhörer weitere Ermunterungssignale und Aussagen:

_____

_____

_____

4 RENNBEDINGUNGEN

Sabine Bach saß schon an ihrem Schreibtisch, als Lukas am nächsten Morgen antrabte. Sehr glücklich sah sie nicht aus der Wäsche, und die Begrüßung war auch eher konventionell ausgefallen. Das veranlaßte den Juniorprofi am Telefon, sich um seinen eigenen Kram zu kümmern. Er pustete ein paarmal kräftig gegen sein Windrad, amüsierte sich ein bißchen über sich selbst und machte sich dann an seine ersten Telefonate.
„Au-Bau, guten Tag."
„Guten Morgen, Renner, Lukas Renner von der Werk KG. Ist Herr Ing. Marik noch Leiter des Einkaufs für Verbrauchsgüter?"
„Ja, das gehört auch zu seinen Aufgaben. Worum geht es?"
„Das möchte ich ihm gern selbst sagen. Geben Sie mir bitte seine Durchwahlnummer?"
„Ich kann sie mit seinem Sekretariat verbinden."
„Dann vertrau'n Sie mir doch bitte den Namen seiner Sekretärin an."
„Das ist Frau Braun. Ich verbinde."
„Guten Morgen, Frau Braun. Hier spricht Renner, Lukas Renner von der Werk KG. Wie kann ich Herrn Ing. Marik am besten erreichen?"
„Er ist schon wieder aus dem Haus; aber um 11.00 Uhr hat er eine Besprechung. Kurz vorher ist er sicher hier. Worum geht es denn?"
„Frau Braun, das möchte ich ihm gern selbst sagen. Wenn's recht ist, melde ich mich gegen 10.30 Uhr wieder. Wären Sie bitte so nett und informieren Sie Herrn Ing. Marik?"
„Herrrr ... Renner, wenn ich nicht irre!"
„Perfekt, Frau Braun! Renner, wie Hit der Saison – und so ist auch meine Mission. Aber ich habe Sie unterbrochen ..."
„Herr Renner, das klingt ja sehr vielsagend. Sie haben beim Chef allerdings mehr Chancen, wenn ich ihm Unterlagen vorbereite. Ihre Mission ist doch wohl keine geheime?"
„Nein, nein, Frau Braun. Die Werk KG hat vor kurzem eine Aussendung gemacht. Vielleicht erinnern Sie sich noch an das Kuvert, froschgrün und dick, wie eine Briefbombe?"

„Ja, natürlich! Ich dachte mir noch, das muß harmlos sein, denn Attentäter nähmen nie so einen auffälligen Umschlag. Was ist damit?"

„Hat Herr Ing. Marik sich die Sachen angesehen?"

„Nein, ich glaube nicht. Er war in der letzten Zeit viel unterwegs, und er hätte mich erwürgt, wenn ich ihm so etwas unter das Dringende gemixt hätte."

„Ja, Frau Braun, so ist halt für jeden von uns etwas anderes wichtig. Aber ich denke, am Angebot der Werk KG sollte kein informierter Entscheidungsträger der Branche vorbeigehen. Sie haben die Broschüre doch sicherlich abgelegt."

„Nein, die liegt noch beim unerledigten Posteingang; ich sehe das Grün leuchten."

„Dann hat es ja keinen Sinn, wenn ich mich in zwei Stunden wieder melde. Was meinen Sie, Frau Braun, wie machen wir das am besten?"

„Mein Vorschlag, Herr Renner, wäre: Ich sorge einmal dafür, daß Herr Ing. Marik sich Ihrer Unterlagen annimmt; diese Woche ist ja fast um ... dann ist der Feiertag ... also am Ende der nächsten Woche dürfte es so weit sein, das ist realistisch. Und den ganzen nächsten Freitag habe ich auch keinen hinderlichen Termin eingetragen, da müßten Sie den Herrn Ingenieur den ganzen Tag gut erreichen können."

„Hat er Lieblingszeiten?"

„Ja, nach dem Mittagessen, da telephoniert er gern herum."

„Sagen wir um 13.30 Uhr?"

„Sagen wir gleich um 14.00 Uhr; um diese Zeit ist er verläßlich hier. Ich schreibe es gleich in den Kalender, damit ich den Herrn Ingenieur erinnern kann."

„Super, Frau Braun, da fährt die Eisenbahn drüber! Dann wünsch' ich noch einen angenehmen Tag!"

„Ihnen auch, Herr Renner; Auf Wiederhören!"

„Auf Wiederhören!"

Gewinnen Sie fremde Sekretärinnen für sich!

Es ist gar nicht so schwer, Sekretärinnen, deren Aufgabe es eigentlich wäre, so viel wie möglich von ihren Chefs fernzuhalten, zu überzeugen, daß sie Ihnen helfen mögen, zum Chef vorzu-

> dringen. Entscheidend ist, daß Sie sie wichtig nehmen und sie dies auch spüren lassen. Die beste Methode, von Anfang an diesen Weg zu gehen, ist, die Damen mit dem Namen anzusprechen. Den Namen erfahren Sie von der Telefonzentrale. Der Name macht's persönlich und hat überdies einen besonderen Nebeneffekt: Sobald Sie Ihre Telefonpartnerin selbstverständlich mit Namen ansprechen, diese Ihren Namen zwar bei der Vorstellung verstanden hat, mit ihm aber nichts verbindet, hat sie automatisch ein schlechtes Gewissen, weil sie befürchten muß, Sie vergessen zu haben – um nicht noch mehr falsch zu machen, wird sie besonders kooperativ sein.

„Hallo, du Schlitzohr!" war Pfiff wieder mit einem Kommentar zur Morgenstunde parat, „du balzt ja nicht schlecht, wenn du ausgeschlafen bist!"

„Ich balze nicht, ich versuche nur zu tun, was man mir beigebracht hat."

„Musterschüler! Klingt aber verdammt echt. Jedenfalls hast du alle Register gezogen, damit Frau Braun für dich arbeitet und nicht im Sinne ihres Chefs dich abwimmelt."

„Erstens ist es nicht im Sinne ihres Chefs, mich abzuwimmeln, und zweitens gibt es nichts und niemand, der mir hilfreicher sein kann als eine kooperative Assistentin!"

„Da hast du sicher recht. Trotzdem ist das der Trick 17, andere für die eigenen Interessen einzuspannen; alle Achtung!"

„Ich wollte ja nichts Unsittliches von ihr! Jetzt stell' mich nicht hin wie einen Mädchenschänder. Du hast gesagt, die Leute dürfen von mir erwarten, daß ich meinen Job professionell tue. Also, bitte! Großpapa sagte immer: Den Wein für den Hausherrn kann man zur Not vergessen – aber niemals die Wurst für den Hund!"

> **Gewinnen Sie die Umgebung Ihrer Zielperson für sich!**
> Animieren Sie die Umgebung Ihrer Zielperson, Ihnen nützlich zu sein. Die meisten Menschen helfen gern, weil sie sich danach gut fühlen – hilfreiche Menschen sind gute Menschen, das haben wir schon als Kleinkinder eingetrichtert bekommen; dann gibt's Belohnung! Und Belohnung wollen wir alle. Machen Sie sich diesen

> Effekt zunutze und bitten Sie Kollegen, Mitarbeiter, Assistenten um Informationen, Hinweise, die Übermittlung von Nachrichten. Je mehr Leute in der Umgebung Ihrer Zielperson von Ihnen wissen, desto eher wird über Sie gesprochen und desto größer wird der Gruppendruck, Ihnen doch Zugeständnisse zu machen.

„Euer Selbstvertrauen möcht' ich haben", jammerte Sabine, „irgendwie trau' ich mich heute nicht drüber." „So etwas hab' ich mir schon beim Kommen gedacht. Sie sitzen ja wie das Kaninchen vor der Schlange." „So fühl' ich mich auch", bestätigte Frau Bach.

„Also, wie eine Bekannte von mir so etwas Ähnliches wie wir hier machte, da rief sie morgens immer erst eine Freundin an, die noch dazu in der Früh putzmunter und guter Dinge war. Mit der hat sie sich erst einmal ins Telefonieren hineingeblödelt."

„Das hat etwas für sich. Ich konnte mich ja nicht einmal aufraffen, den Hörer in die Hand zu nehmen."

„Der ist aber nicht gemeingefährlich", spottete Lukas. „Gib doch nich sooo an", krittelte Pfiffikus, „du kriegst auch noch Hosensausen! Ist doch klar, daß vorerst die naive Unbefangenheit verschwindet, wenn man sich mit einer Sache näher beschäftigt und man plötzlich dahinterkommt, was man alles falsch machen kann. In meinem zweiten Lehrmonat hatte ich plötzlich beträchtliche Zweifel, ob ich überhaupt einen Schraubenschlüssel halten könne, ohne das Werkstück zu verschrammen. Das wäre total natürlich, hat mein Meister gemeint – bei Euch wird das nicht anders sein, denk' ich mir."

„Kannst recht haben, Pfiffikus. Ich bitt' um Entschuldigung, Frau Kollegin, ich wollt' nicht unfair sein. Ich bin halt eher der Typ, der allein im Wald laut singt und sich daran erinnert, daß böse Wölfe nur im Märchen vorkommen."

„Was ist denn hier los?" erkundigte sich auf einmal Frau Wollner, „eine ganze Schüssel Trauerklöße? Was soll ich davon halten?"

„Ich trau' mir heute einfach nicht zu, daß ich sinnvolle Gespräche zustande bringe", legte Sabine Bach die Karten auf den Tisch. „Ich bin nicht einmal sicher, ob ich eine gescheite Begrüßung hinbekomme."

„Keine Bange, Frau Bach! Frust statt Lust – das setzt jeden von uns von Zeit zu Zeit schachmatt. Aber dagegen gibt's wirksame

Methoden. Die zwei einfachsten und in meinen Augen auch besten heißen ‚mental movie' und ‚Affirmationen'."

„Hört sich unglaublich theoretisch an", meckerte Pfiff.

„Na, Herr Pfeiffer, Sie werden gleich merken, wie alltagstauglich die Techniken sind. Warten Sie, ich mache nur die Tür zu, damit uns keiner stört. Und Sie setzen sich möglichst bequem und locker hin und schließen die Augen ... Und jetzt lade ich Sie ein, sich in Ihrem inneren Kino einen Film anzusehen. Der Film heißt: ‚Ich toller Typ!' Denken Sie an eine Situation, in der Sie sich besonders gut gefühlt haben; die besonders angenehm war, wo Ihnen etwas Spezielles gelungen ist, wo Sie Erfolg gespürt haben, wo Sie sich als Sieger gefühlt haben – und kosten Sie dieses wunderbare Gefühl voll aus. Welche Farben sehen Sie? Welche Töne, Geräusche hören Sie? Was riechen Sie? Schmecken Sie etwas? Was können Sie greifen? Wie fühlt sich das an? Und welche Gedanken schießen Ihnen durch den Kopf? Welche Empfindungen füllen Sie aus? Genießen Sie diese Szene. Saugen Sie alles Wohlige tief ein. Schauen Sie sich diesen erfolgreichen Sieger-Typ genau an – das sind Sie! Spüren Sie, wie gut Ihnen diese Situation tut, und nehmen Sie dieses herrliche feeling mit ins Hier und Jetzt. Kommen Sie aus Ihrem Kino zurück an den Schreibtisch, und baden Sie noch ein wenig in Ihrem Erfolgsgefühl!"

Tunen Sie sich selbst auf Power!

Warten Sie nicht, daß Ihnen jemand gut zuredet oder daß die gute Laune von selbst kommt! Vertrauen Sie darauf, daß Sie sich selbst auf die Erfolgsschiene setzen können und tun Sie es auch. Es gibt viele Techniken, die besten finden Sie in diesem Buch. Frau Wollner hat sie Ihnen und den beiden Junior-Profis am Telefon vorgestellt – Sie können sie ohne fremde Hilfe anwenden.

„Whouw! Das ist echt stark! Die andere Technik kommt dagegen sicher nicht auf", argwöhnte Pfiff.

„Womit wir schon mitten drin wären! Es geht nämlich darum, herauszufinden, mit welchen Sätzen wir uns selbst boykottieren. ‚Die zweite Technik kommt gegen die erste sicher nicht auf' wäre so eine Erwartung, die wir uns nur oft genug denken oder vorsagen müssen – schon erfüllt sie sich. Sie werden genau die Informationen aus dem Gesamten herausschälen, die zu einem garantierten Reinfall werden. Und dann können Sie aus eigener Erfahrung sagen: ‚Das ist ein Schmarren.' Es geht aber auch anders herum: Potztausend! Die erste Technik war schon stark, wie muß da erst die zweite sein?!"

„Ist das nicht Selbstbetrug?" wollte Lukas wissen.

„Weshalb ist eine positive Erwartung Selbstbetrug, nicht aber eine negative?" erkundigte sich Frau Wollner. Darauf wußte Lukas auch keine Antwort.

„Entscheidend ist", nahm die Verkaufsassistentin ihren Faden wieder auf, „daß wir uns auf die Schliche kommen und realisieren, wann diese Lustkiller-Phrasen uns die Kraft rauben. Zumeist sind es auch ‚du mußt'-Sätze. ‚Du mußt jetzt telefonieren.' ‚Du mußt alles richtig machen.' ‚Du mußt diesen Kunden überzeugen.' ‚Du mußt Erfolg haben.' Das MUSS schiefgehen. Nach der kleinen mentalen Filmvorführung wissen Sie: ‚Ich KANN telefonieren.' ‚Ich KANN das Richtige machen.' ‚Ich KANN diesen Kunden überzeugen.' ‚Ich KANN erfolgreich sein.'"

> **Ich KANN – nicht: ich muß!**
> Erfolg am Telefon beginnt mit der Überzeugung, daß man erfolgreich sein KANN. Durchforsten Sie Ihre eigenen Sprachmuster und suchen Sie nach all jenen Selbstbefehlen, die eine „Du-mußt-Struktur" haben. Ersetzen Sie jedes „muß" durch ein „kann" und spüren Sie den Unterschied!

„Und plötzlich ist die Welt wieder rund! Ich nehm' alles zurück und behaupte das Gegenteil. Nummer zwei fällt nach Numero eins nicht ab", gab Pfiff klein bei.

„Peter F. Drucker hat einmal gesagt: ‚Wir müssen die Chancen füttern, und die Probleme sollten wir verhungern lassen'", zitierte Sabine Bach.

„Ja! So ein Futter für Chancen sind eben Affirmationen. Das Wort selbst kommt aus dem Lateinischen, und ‚firmus' bedeutet soviel wie ‚stark, kräftig, fest'. Affirmationen sind eigentlich Sätze, die uns stark und kräftig machen. Bejahungen, Unterstützungen, Bestätigungen, die helfen, sich konstruktiv weiterzuentwickeln. Sie sollen kurz und klar sein und immer in der Gegenwart formuliert. Die Zukunft beginnt jetzt, meine Herrschaften!"

„Na, dann wollen wir sie nicht aufhalten", blies Pfiff zum Aufbruch und trollte sich.

„Selbstvertrauen ist wirklich die beste Waffe gegen Angst", sinnierte Sabine. „Und Entspannung", ergänzte Angelika Wollner. „In einem entspannten Körper sowie einem ausgeglichenen Geist hat Angst keinen Nährboden. Wenn Sie merken, daß die Lust nachläßt, machen Sie eine Entspannungsübung. Gelassenheit und Frust vertragen sich nicht."

> **Selbstvertrauen ist die beste Waffe gegen Mißerfolg!**
> Gewöhnen Sie sich an, Erfolge auf Ihre Leistung zurückzuführen. Ihnen ist etwas gelungen – aus Ihren Fähigkeiten heraus und nicht per Zufall! Freuen Sie sich auch über kleine Erfolge – und behalten Sie sich das Recht vor, selbst zu beurteilen, was für Sie ein Erfolg ist. Schließlich stecken Sie in Ihrer Haut und niemand anderer!

„Lust und Trödeln sind auch keine idealen Partner", stellte Lukas fest. „Richtig! Deswegen verlasse ich Euch und überlasse Euch Euren Höhenflügen." Der gute Geist der Verkaufsabteilung verschwand.

Sabine und Lukas hängten sich an die Leitungen. Lukas führte seine Kundenbögen sehr genau, und so konnte er bestens nachweisen, was er alles geleistet hatte, auch wenn nicht jedes Gespräch in eine Terminvereinbarung mündete. So hatte er sogar jenen Teil des Eisberges vor Augen, der unter der Wasseroberfläche schwimmt. Während des Aufarbeitens seines Telefonats hörte er unwillkürlich Sabine zu.

„Guten Tag. Spreche ich mit Herrn Dresen? Hier spricht Lang, Gerda Lang von der Werk KG. Haben Sie einen Augenblick für mich Zeit?"

[...]

„Ich rufe Sie im Auftrag von Frau Bach an. Frau Bach leitet das Marketingprojekt, um das es heute geht. Sie bat mich, Meinungen von Fachleuten einzuholen. Sie sind ja Fachmann im Bereich ..."

[...]

„Eben. Und deshalb möchte ich gern Ihre Erfahrungen mit diesem Maschinentyp kennenlernen."

[...]

„Aha. Das heißt, für Sie ist weniger die Produktmarke interessant, sondern das gebotene Service, wenn ich Sie recht verstehe."
[...]
„Hm hm – das ist sehr interessant, was Sie da sagen! Ich meine ... von all den technischen Feinheiten habe ich leider viel zuwenig Ahnung. Nur ... wenn ich mir das so anhöre ... ich würde gern mit Frau Bach darüber sprechen, ob es ausnahmsweise mögliche wäre, Ihnen einen von unseren Technikern vorbeizuschicken. Unsere Kunden sind mit unserem Service sehr zufrieden, und für Sie entstehen keinerlei Verbindlichkeiten."
[...]
„Das freut mich, daß ich Sie neugierig gemacht habe. Es ist sehr aufschlußreich, mit Ihnen zu sprechen. Wir hier in der Verwaltung wissen leider viel zuwenig von den Sorgen unserer Klientel. Wann wäre Ihnen ein Besuch denn recht?"
[...]
„Dann werd' ich gleich mein Möglichstes versuchen, Herr Dresen. Frau Bach hat sicher nichts dagegen, wenn sich einer unserer Techniker bei Ihnen meldet. Jetzt will ich Sie nicht länger aufhalten."
[...]
„Auf Wiederhören, nochmals vielen Dank für Ihre wertvollen Hinweise!"

Den Frust im stillen Kämmerlein killen!

Sowohl fürs „mental movie" als auch für die Affirmationen sollten Sie sich ein paar Augenblicke des Rückzugs gönnen. So unattraktiv können Waschräume gar nicht sein, als daß sie nicht dazu geeignet wären, Sie wie Phoenix aus der Asche wiedererstehen zu lassen. Wenn Sie gröbere Probleme mit Ihrem Selbstwert haben, können Sie sich die wichtigsten Sätze auf Tonband sprechen und am Weg ins Büro über Walkman vorspielen. Oder Ihren Badezimmerspiegel mit den besten Vorsätzen pflastern. Wichtig ist: Immer positiv formulieren! Immer „ich-kann"-Wendungen verwenden. „Ich werde heute durchs Telefon strahlen!" „Ich freue mich auf meine Gesprächspartner!" „Ich habe ein tolles Angebot für meine Kunden!"

Sabine hüpfte zur Tür hinaus und studierte die Routenpläne der Außendienstmitarbeiter. Bald hatte sie gefunden, was sie suchte:

Einen Kundenberater, der im fraglichen Zeitraum in der richtigen Gegend unterwegs war. Sie informierte den Kollegen über den angebahnten Kontakt und den wunden Punkt des (hoffentlich) zukünftigen Kunden, gab ihm eine Kopie des Gesprächsprotokolls und schärfte ihm noch einmal ein, telephonisch den Termin zu fixieren. Dann sandte sie noch ein Fax:

„Sehr geehrter Herr Dresen,

es freut uns, Ihnen bei der Beseitigung eines Problems behilflich zu sein, wir danken für die Chance, die Sie uns geben wollen. Herr Gropius wird sich mit Ihnen in Verbindung setzen und alles weitere mit Ihnen abstimmen. Sein Besuch bei Ihnen ist innerhalb des von Ihnen gewünschten Zeitraumes vorgesehen. Mit bestem Dank für Ihr Interesse verbleibe ich mit freundlichen Grüßen Sabine Bach."

„Lukas, Sie starren mich an wie ein Wesen von einem fremden Stern. What's up?"

„Gerda Lang ist mir allerdings fremd", stichelte Lukas. „Außerdem beeindrucken Sie mich immer mit Ihrer Nachbetreuung der Telefonate. Ich bemühe mich ja auch, alles in Ordnung zu halten, aber Sie sind unschlagbar!"

Schöpfen Sie Telefonkontakte gründlich aus!

Nur ein geringer Prozentsatz an Telefonpartnern ist wirklich desinteressiert. Viele sind bloß unsicher und verstecken diese Unsicherheit hinter Ablehnung. Ziehen Sie sich beim ersten „Nein" nicht gleich zurück! Plaudern Sie über dieses „Nein"! Bringen Sie in Erfahrung, was hinter diesem „Nein" steckt! Lassen Sie sich die Geschichte erzählen, woher diese „Nein" kommt! Meistens stecken schlechte Erfahrungen dahinter – also machen Sie klar, wie Sie auf jeden Fall verhindern werden, daß es weiterhin zu schlechten Erfahrungen kommt. Oder verwandeln Sie eine Absage für heute in eine Zusage für morgen – Sie wollen ja morgen auch noch am Ball sein! Jeder Telefonpartner, mit dem Sie jetzt gerade im Gespräch sind, bringt mit geringerem Energieaufwand Erfolg als ein anderer, den Sie erst kontaktieren müssen!

70

„Ich bin faul, das ist das Geheimnis! Wenn ich jeden Kontakt solide nachbetreue, mich wirklich reinhänge und alles tip-top läuft, geht mir nur noch ein Auftrag von zehn flöten. Laß' ich das verschludern, muß ich umso mehr neue Kontakte knüpfen, um auf das gleiche Output zu kommen – und dazu bin ich eben zu faul!"

„Und welches Geheimnis schlummert hinter dieser ominösen Gerda Lang?"

„Gerda Lang ist mein Prellbock. Und gerade bei ‚cold calls‘, also Erstkontakten bei Kunden, ist mir das praktisch. ‚Depersonalisation‘ nennen es die Psychologen. Hinter dem hochgestochenen Namen steckt eine einfache Methode. Sie ist sehr zweckmäßig, um die Angst vor Zurückweisung und die damit verbundenen Emotionen zu vermeiden. Wenn jemand sagt: ‚Frau Bach, das interessiert mich nicht‘, dann fühlt sich Frau Bach als Versagerin. Wenn jemand sagt: ‚Frau Lang, das interessiert mich nicht‘, dann fühlt Frau Bach nicht einmal Mitleid mit Frau Lang; Frau Lang ist eben auf einen Ignoranten gestoßen, der ein Gespräch mit ihr eigentlich gar nicht verdient. Der nächste, bitte!"

„Weiber!" jammerte Lukas verschmitzt, „ob auch ein Gerd Lang hilfreich wäre?"

„Sicher. Probieren Sie's doch! Es ist immer angenehm, zu wissen, daß man sich hinter jemandem verstecken kann, wenn man's notwendig hat."

„Prellbock eben; er fängt den Angriff ab, und ich sammle die

---

71 **Bauen Sie auf die Prellbock-Technik!**

Gerade bei „cold calls", also telephonischen Erstkontakten, kann es günstig sein, sich als sein eigener Mitarbeiter ein Entree zu verschaffen. Als Assistent von Herrn XY können Sie auch viel unverfrorener davon sprechen, wie zufrieden alle Menschen sind, die von Herrn XY betreut werden, wie toll es ist, mit ihm zu arbeiten, und wie schade es für den Gesprächspartner wäre, sich diese Chance entgehen zu lassen.

Aufträge ein. Wohlan – wir sind gewappnet!"

An diesem Vormittag ging wirklich etwas weiter. Die Stimmung war gut im Raum, obwohl die beiden kaum Notiz voneinander nahmen. Gegen Mittag schaute Pfiff wieder einmal vorbei.

„Seid Ihr ausgestorben? Da ist es ja totenstill!"

„Nein, nein; mir geht nur langsam die Luft aus. Ich leg' jetzt noch die letzten Kundenbögen ab, und dann brauch' ich einen Kaffee."

Vergessen Sie das Essen nicht!
Über einer konzentrierten Tätigkeit vergessen wir oft, dem Körper neuen Brennstoff zu geben. Ideale Energielieferanten sind Äpfel und Bananen. Verlassen Sie nach ca. 90 Minuten auf eine Apfellänge Ihren Arbeitsplatz. Kauen Sie ihn mit Bedacht und genießen Sie, wie mit jedem Bissen Kräfte zurückkehren. Schwelgen Sie im Knacken und Krachen der Frucht, dann hören Sie auch, daß Sie Pause machen. Essen Sie nie am Arbeitsplatz nebenher. Das stört die Arbeit und das Vergnügen am essen. Wenn Sie wenig Zeit haben, essen Sie halt nur einen halben Apfel. Äpfel wie Bananen haben ausreichend Vitamine, Spurenelemente, Kohlehydrate und Fruchtzucker, um verlorengegangene Energien aufzubauen, ohne die Verdauung zu belasten. Die meisten Energie-Drinks und Riegel powern auf, um den Körper hinterher noch schlapper werden zu lassen. Die Bananenpause sollte die zweite Pause sein, weil die Banane von ihrer Zusammensetzung her jene Aufbaustoffe enthält, die erst bei längerer Dauerbelastung notwendig werden.
Und noch etwas: Trinken Sie viel Wasser! Das Gehirn besteht zu 65 Prozent aus Wasser. Je stärker es beansprucht wird, desto höher liegt der Wasserverbrauch des Gehirns. Hat das Gehirn nicht ausreichend frisches Wasser zur Verfügung, geht es an die Eigenreserven und baut sich selbst ab!

„Wie sagten doch die alten Römer?" fragte Pfiff, „leerer Magen telephoniert nicht gern." „Die meinten zwar, daß ein voller Magen nicht gern studiert, aber Sie liegen richtig, Pfiff! Wir sind wahrscheinlich einfach hungrig. Wenn ich konzentriert arbeite, vergesse ich glatt zu essen."

„Ja, ja. Sie sind nicht die erste Dame, die zu tanken vergißt ..."
„Und Sie wohl nicht der erste Kind-Mann, dem man das Hamsi-Hamsi mundgerecht vor das gefräßige Mäulchen placieren muß", schnaubte Sabine – Grisu ließ grüßen!

„Eins zu eins", registrierte Pfiff, „folgt die nächste Runde oder gibt es zwischendurch eine Stärkung?"

„Du bist der einzig Vernünftige in diesem Raum, Pfiffikus, du erkennst das Gebot der Stunde! Auf zum Futtertrog."

„Apropos: Gunst der Stunde. Habt Ihr schon einmal darüber nachgedacht, daß es für alles einen besonders geeigneten Zeitpunkt gibt?" überlegte Ernst Pfeiffer laut.

„Willst du uns jetzt die Bibel zitieren: Lachen hat seine Zeit, Weinen hat seine Zeit, Umarmen hat seine Zeit ...?" argwöhnte Lukas.

„Schon mal was von ‚Chronobiologie' gehört?" trumpfte Pfiff auf, und den beiden anderen blieb der Mund offen stehen.

„Ist das was Unmoralisches?" tastete sich Lukas vor.

„Nein, sonst würdest du's vermutlich kennen! Wir sind in Damenbegleitung – also benimm dich!"

„Jetzt machen Sie's nicht so spannend, Pfiff", drängte Sabine, „was hat's mit dem Ding auf sich?"

„Das Ding ist eine Teildisziplin der Biologie und erforscht den zeitlichen Rhythmus des Stoffwechsels. Dabei ist man darauf gestoßen, daß bestimmte Drüsen zu ganz bestimmten Tageszeiten besonders eifrig ihre Säfte produzieren und daß das natürlich auf den ganzen Organismus wirkt. Kurz vor dem Sonnenhöchststand ist die Bauchspeicheldrüse am aktivsten. Und wenn wir den Magen voll mit Verdauungssekreten haben, dann klagt sich der natürlich etwas zum Verdauen ein – sprich: er knurrt."

„Klingt gar nicht so uneben. Hat das auch etwas mit Morgen- und Abendmensch zu tun?" hakte Lukas nach.

„Jein. Ich bin ja kein Professor, und so gut kenn' ich mich auch wieder nicht aus. Aber beim Morgenmenschen schüttet die Hirnanhangsdrüse viel mehr Botenstoffe aus als beim Abendmenschen. Die bringen dann den Kreislauf und alles auf Trab, und wir wachen auf und wollen die aufgestaute Energie wieder loswerden. Beim Abendmenschen wird zwar die gleiche Menge produziert, aber gleichmäßiger abgegeben, deshalb hat der abends noch Reserven. Morgens kompensiert die Nebennierenrinde ein wenig."

„In meine dürftigen Kenntnisse der Materie übersetzt, hieße das, daß ich als Morgenmuffel mich nur beim Aufstehen tüchtig ärgern müßte, und schon wäre ich fit für den Tag", verfolgte Sabine den Gedanken weiter. „Und das hat was für sich: Wenn ich morgens mit dem Auto komme, habe ich mich munter gegiftet."

„Im Namen des Umweltschutzes! Locken Sie Ihr Adrenalin anders ins Blut!" flehte Lukas.

„Wie auch immer", fand Ernst Pfeiffer zum Thema zurück, „es lohnt sich, diese Gegebenheiten bei sich selbst und bei anderen zu berücksichtigen."

„Gibt's Faustregeln?" wollte Lukas wissen.

„Schon", leistete nun Frau Bach wieder einen Beitrag. „Wenn man jemanden einfach nur erreichen möchte, dann dienstags, mittwochs oder donnerstags zwischen 9.00 Uhr und 12.00 Uhr und zwischen 14.00 Uhr und 16.00 Uhr."

„Will man ungestört mit jemandem sprechen, dann sind die Tagesrandzeiten, also vor 9.00 Uhr und nach 16.00 Uhr, günstig. Für Telefonate, mit denen man überzeugen möchte, kalkuliert man hier noch die eigene Leistungskurve mit ein", führte Pfiff weiter aus, „und will man eine schnelle Entscheidung erzwingen oder einen kurzen Überfall starten, dann ist es kurz vor der Mittagspause und knapp vor Feierabend optimal. Da lohnt es sich schon, die Lebensgewohnheiten der Gesprächspartner zu recherchieren."

> **Studieren Sie die Gewohnheiten Ihrer Zielperson!**
> Perfektes Timing heißt nicht nur die allgemein üblichen Zeiten zu beachten und sich an vereinbarte Termine zu halten; perfektes Timing bedeutet auch, persönliche Gewohnheiten der Zielperson zu kennen und zu beachten. Recherchieren Sie in der Umgebung Ihrer Zielperson, ob es Vorlieben oder spezielle Aversionen gibt – und kalkulieren Sie danach Ihre Aktivitäten.

„Schön wär's, wenn das perfekte Timing allein genügte, um einen Auftrag an Land zu ziehen", philosophierte Sabine.

„Andererseits kannst du den Himmel auf Erden im Angebot haben; wenn's ein ungünstiger Moment ist, ist alles perdu."

„Andere Frage: Gesetzt den Fall, ich habe den idealen Zeitpunkt gewählt: Warum soll der Kunde mir zuhören?" forschte Lukas weiter.

„Mindestens zwanzig Gründe müssen da aus dir heraussprudeln, die alle deine tiefe Überzeugung dokumentieren, daß du für den anderen keine vernünftigere Beschäftigung weißt, als mit dir zu parlieren", blieb Pfiff der Rolle des Nachhilfelehrers treu.

„Also meine Leute sollen mich anhören", zählte Sabine auf, „weil sie Branchenkenner sind und als solche auf dem laufenden sein sollen, welche Neuheiten wir haben. Sie sollen mir zuhören, weil sie kein Geld zu verschenken haben und unser Angebot in der Qualitätsklasse unschlagbar ist. Weil wir nicht nur Produkte verkaufen, sondern vor allem Service. Und weil niemand Gefallen daran findet, seine Zeit mit Nutzlosem zu vertun; wer mir zuhört, hat die Garantie, wertvolle Zeit gegen ein wertvolles Offert zu tauschen."

> **Warum soll Ihr Telefonpartner Ihnen zuhören?**
> Welche Vorteile erwachsen ihm aus dem Gespräch mit Ihnen? Was haben Sie zu bieten? Worin unterscheiden Sie sich von der Konkurrenz? Welchen Nutzen bieten Sie – und nur Sie?
> Bemühen Sie sich, auf diese Fragen schlüssige und eindeutige Antworten zu finden. Dadurch haben Sie stets ein Arsenal an Reaktionsmöglichkeiten parat, den Gesprächspartner zu überzeugen. Der positive Nebeneffekt ist, daß Sie sich selbst überzeugen, diese Überzeugung ausstrahlen und dadurch Ihre Wirksamkeit erhöhen.

„Plop. Da kann ich mir eine Scheibe 'von abschneiden!" bekannte Lukas beeindruckt. So einen Katalog werd' ich mir für meinen Aufgabenbereich wohl auch zurechtlegen."

„Vielleicht fällt es Ihnen ja leichter, die Frage ‚welche Problemlösung haben Sie?' zu beantworten!" beschwichtigte Sabine, „das ist sehr ähnlich und rückt dennoch einen anderen Aspekt in den Vordergrund."

„Bleibt nur noch, einen Reim auf den Vers ‚warum soll der Kunde ja sagen?' finden", trieb Pfiff das Thema voran.

„Weil er überzeugt ist, daß ihm nichts Besseres passieren kann", meinte Lukas selbstherrlich.

„Auch", gab Sabine zu, „doch es gibt mehr Gründe: Gewinnmaximierung, Kostensenkung, Rentabilitätssteigerung, gesteigertes Ansehen für den Kunden oder die ganze Firma, weil es im Trend liegt, um konkurrenzfähig zu bleiben ... strengen Sie Ihren Grips an!"

„Wenn ich so mit Euch darüber spreche, hab' ich den Eindruck, jeder ist ein armer Narr, der bei unseren Erzeugnissen bzw. Dienstleistungen nicht mit beiden Händen zugreift", war Lukas ganz euphorisch.

„Das ist die einzig sinnvolle Einstellung", spornte Pfiff ihn noch weiter an. „Ich denk' mir oft, daß ich am meisten lern', wenn jemand die Geduld hat, mich selber draufkommen zu lassen, und dabei aufpaßt, daß ich nicht abstürz' dabei. Ihr von der

Uni wollt immer alles vorgekaut und für alles ein Rezept haben. Ist das auf die Dauer nicht langweilig?"

„Geh' Pfiff, ob ich in ein Buch schau' oder dich frag', ist im Endeffekt doch dasselbe – ich kann mich orientieren. Und daß mir die gebratenen Tauben nicht ins Maul fliegen, weiß ich – aber ich schätze es, wenn sie wenigstens küchenfertig sind. Aber du hast schon recht: Ums Selbermachen, um die eigenen Erfahrungen, kommt keiner herum. Trotzdem wüßte ich gern, was Ihr von Euch gebt, wenn die Hüterinnen des chefischen Zeitgrals die vernichtende Frage stellen: ‚Worum geht es?'"

„Ich sage meistens: ‚Um neue Entwicklungen im Bereich ...' oder ‚um Verbesserungen der Marktsituation ...'", machte Sabine ihre Trickkiste zugänglich. „Oder auch: ‚Um mögliche Vorteile Ihres Unternehmens hinsichtlich ...'"

„Ich beziehe mich halt immer auf unsere Aussendung", räumte Lukas ein.

„Das ist im Prinzip in Ordnung. Die Kunden sollen merken, daß das Mailing in ein Marketingkonzept eingebunden ist. Wir wollen ja nicht vorsätzlich den Altpapiercontainer schoppen. Sie müssen halt achtgeben, daß es nicht so 'rüberkommt, als wären Sie der Oberlehrer, der prüft, ob die Hausaufgaben gemacht worden sind", machte Sabine ihn aufmerksam. „Nein, nein, da paß' ich schon auf", wehrte Lukas ab.

Vermeiden Sie es, Ihren Telefonpartner zu überprüfen!

Unabhängig davon, ob Sie ein Mailing (eine Informations-Aussendung) mit einer Telefonkampagne begleiten oder ob Sie nach einer individuell gewünschten Zusendung von Prospektmaterialien den Telefonkontakt fortsetzen: Eruieren Sie, ob die Unterlagen angekommen sind, aber kontrollieren Sie nicht, ob Ihr Telefonpartner „seine Hausaufgaben gemacht hat". Es kann tausend Gründe geben, warum er die Informationen nicht gelesen hat; einer davon kann sein, daß die Sendung unterwegs verlorengegangen ist. Beherzigen Sie auch hier: Suchen Sie keine Schuld, finden Sie Lösungen!

„Bene", zog Pfiff plötzlich andere Seiten auf, „das war eine Mittagspause mit Nahrung für Geist und Körper. Ich verzupfe mich in mein Herkunftsrevier, sonst geht meine Herde noch vor Sehnsucht ein."

„Und wir ...?" wehklagte Sabine.
„... Ihr müßt Euch gegenseitig die Tränchen trocknen. Salee!" Betriebsames Murmeln war zu hören, als Dr. Weissenstein vorbeikam. Er lauschte eine Weile den Gesprächsfetzen und deutete Lukas, der gerade geendet hatte, eine kleine Pause einzuschalten. Dann warteten sie gemeinsam, daß auch Sabine ein Ende fand. Sie machte ihre Sache wirklich gut; der Verkaufsdirektor lächelte zufrieden. Als Sabine sich endlich zu den beiden Männern umdrehte, brummte Herr Dr.Weissenstein mit sanftem Tadel: „Bächlein, Sie plätschern!" Sabine sah ihn erschrocken an.

Erziehen Sie sich zu einem interessanten Gesprächspartner!

Die interessantesten – und beliebtesten – Gesprächspartner sind jene, die einen selbst reden lassen. Lassen Sie also Ihre Telefonpartner reden, stellen Sie Fragen und animieren Sie, Ihnen zu erzählen. Alle Leute reden gern – nützen Sie das für Ihren Erfolg!

„Können Sie sich vorstellen, was ich damit meinen könnte?" wollte Dr.Weissenstein zunächst von Lukas wissen. „Hmm ... Vielleicht ... daß man ... ich meine ... Sabine, also Frau Bach ..." „Na, Herr Renner, Sie habe ich auch schon eloquenter erlebt!" bemängelte der Vorgesetzte. „Ich hab' wohl wieder zu lang geplaudert", gab sich Sabine geständig. „Na also! Schon haben wir des Pudels Kern! Aber bitte, versteht mich nicht falsch: Mir geht es nicht um die Gesamtdauer des Gesprächs – manche Kunden brauchen das; das hat seine Berechtigung. Ich möchte auf anderes hinaus: Wir können schneller denken als wir sprechen. Der Zuhörer hat also Zeit, an anderes zu denken, während wir ihm etwas nahebringen. Er kann Männchen zeichnen, nebenher blättern und lesen oder – im ungünstigsten Fall – sich eine Abwehrstrategie zurechtlegen. Alles, während wir uns aufreiben, ihm unseren Braten schmackhaft zu machen. Je höher unser Sprechanteil und je geringer der des Gesprächspartners, desto mehr Leerlauf für den anderen. Am klügsten wäre es demnach ...?" „... den anderen reden zu lassen, denn dann muß der wenigstens darüber nachdenken, wie er etwas sagt", ergänzte Lukas. „Demnach muß man ihn aber erst zum Reden bringen, bevor man ihn reden läßt", folgerte Sabine. „Sehr wohl!" bestätigte Dr.Weissenstein, „und wie tun wir das am effektvollsten?" „Mit Fragen in ein Gespräch verwickeln. Handbuch der Kommunikation, Seite 322", schnurrte Sabine, „ich dumme Nuß!" „Frau Bach, beleidigen Sie nicht meine besten Mitarbeiter! Außerdem genügt es nicht, seine Lektion zu lernen, wir müssen uns auch Strategien erarbeiten, das Gelernte anzuwenden. Dazu gebe ich Euch ja Feedback, damit Ihr wißt, wo Ihr steht."

„Ich stehe daneben", bemerkte Lukas.

„Dann werden wir Sie hereinholen, Herr Renner! Was wissen Sie denn schon über Fragen?" erkundigte sich der Verkaufsdirektor. „Eigentlich nur, daß man allen lästig fällt, wenn man viel fragt; und daß einer, der fragt, offenbar selbst nichts weiß."

„Oh weh! Da ist ja Pionierarbeit zu leisten. So chemisch rein bin ich diesen augenscheinlich unausrottbaren Fehlhaltungen schon lange nicht mehr begegnet. Aber kränken Sie sich nicht; mit dieser Annahme befinden Sie sich in bester Gesellschaft. Der Umdenkprozeß greift sehr zögerlich; deshalb bin ich immer froh, wenn ich Schritte in diese Richtung setzen kann. Nicht, daß ich grundsätzlich alles Traditionelle verachte, doch die Frage zu verteufeln, ist ein großer Irrtum unserer Väter, und ohne Frage gibt es keine Erkenntnis, und ohne Erkenntnis keine Erneuerung, und ohne Erneuerung sterben wir hoffnungslos ab. Das wichtigste Wort, das ein Kleinkind lernt, ist ‚warum?'; denn damit beginnt es, die Welt um sich wahrzunehmen. Fragen Sie, Renner, und klopfen Sie die Welt ab! Es wird immer mehr Dinge geben, die Sie nicht wissen, als Dinge, die Sie wissen! Denken Sie an den alten Sokrates! Etwas nicht zu wissen, ist keine Schande – es dabei zu belassen, das ist sträflich."

> **Fragen verraten einen unruhigen, scharfen Geist!**
>
> Wenn Fragen für Sie Unwissenheit bedeuten, sind Sie selbst unwissend – und Sie werden es vermutlich auch bleiben. Die richtigen Fragen zu stellen, bedeutet, sich mit einer Sache zu beschäftigen und neue Zugänge zu suchen. Um nach einer Straße zu fragen, muß ich wissen, daß es sie gibt! Fragen bedeutet also, ein Wissen zu haben, das ich in gewissen Punkten erweitern möchte; dieses Wissen quasi zu perfektionieren. Und sich zu perfektionieren heißt, zu wissen, daß man sich bis zu seiner letzten Minute weiterentwickeln kann! Fragen verraten einen unruhigen, scharfen Geist! Wer nicht fragt, wird stumpf.

„Aber Faktum ist doch, daß man den meisten Leuten mit der Fragerei auf die Nerven geht", insistierte Lukas. „Man geht den meisten Menschen auf die Nerven, weil diese mürrisch sind. Denen können Sie auch mit wiederholten Komplimenten den Blutdruck in die Höhe treiben. Da kann die arme Frage nichts dafür. Darüber hinaus meine ich nicht, Sie sollen ihre Umwelt mit Fragen bombardieren – Heilkräuter, zu hoch dosiert, rufen Vergiftungen hervor! Doch Fragen, geschickt gestellt, sind unverzichtbare Zutaten für einen bekömmlichen Kommunikations-Cocktail."

„Ich habe manchmal auch das Gefühl, daß ich meinen Kunden zu viele Fragen stelle", versuchte sich Sabine noch nachträglich zu rechtfertigen. „Dann stelle ich meinen Stil eben wieder um. Und so arg erhöht sich der Gesprächsanteil des Partners auch nicht, wenn ich frage: ‚Sind Sie zufrieden mit der augenblicklichen Lösung?', ‚Hätten Sie nicht Lust, unverbindlich etwas Neues kennenzulernen?', ‚Werden Sie in absehbarer Zeit in diese Richtung investieren?', da plappern die Leute nicht ungebremst los!" „Warum sollten Sie?" wunderte sich Herr Dr. Weissenstein. „Auf eine geschlossene Frage bekommen Sie eine bündige, einsilbige Antwort: ‚ja' oder ‚nein'. Das ist korrekt und entspricht den Konventionen." „Dann muß es auch offene Fragen geben", bemühte Lukas die Logik.

> **Wer fragt, führt!**
> Eine der subtilsten Möglichkeiten, ein Gespräch zu beeinflussen, ist, geschickt zu fragen. Mit geschlossenen Fragen streben Sie auf einen Punkt zu und unterbinden weitschweifiges Ausufern. Mit offenen Fragen treiben Sie ein Gespräch voran und bieten Anregungen!

„Und wie es die gibt!" bestätigte der Verkaufsdirektor. „Obwohl ich Euch keine Vorlesung zur Fragetechnik halten werde, will ich doch das Wichtigste mit Euch besprechen, damit dieses Kommunikationsmittel zielsicher von Euch verwendet werden kann. Ich habe etwas gegen Gerätschaften, die keiner benützt, weil niemand weiß, wie sie funktionieren.

Zunächst einmal zu der Unterscheidung offene/geschlossene Fragen:
Offene Fragen sind solche Fragen, auf die man mit mehr als bloß ‚ja' und ‚nein' reagieren kann. Das heißt, es sind Fragen, mit denen man dem anderen die Chance gibt, das Gespräch ganz in

seinem Sinne voranzutreiben. Somit ist nicht nur die Quantität offen, sondern auch die Qualität der Antwort. Man kann viel und wenig darauf sagen, man kann ausweichend antworten oder den Kern der Sache treffen. Natürlich braucht die offene Frage auch ein offenes Ohr, denn was immer als Reaktion auf eine offene Frage vom Gesprächspartner geäußert wird, es muß mir vorerst recht sein. Wer hier abstoppt, der bekommt nie wieder eine Antwort, denn der Gesprächspartner fühlt sich gefoppt: Erst wird er zum Reden aufgefordert und dann mundtot gemacht; das verunsichert und bewirkt am Ende das Gegenteil.

Geschlossene Fragen nageln das Gegenüber fest, denn es gibt nur ‚ja‘ oder ‚nein‘, die eine oder andere durch die Frage vorgegebene Alternative. ‚Möchtest du Wurst oder Käse aufs Brot?‘, ‚Gehen wir jetzt ins Kino?‘ Neben diesen beiden Antwortkategorien existieren im Grunde keine anderen Möglichkeiten. Man kann versuchen, sich in ein Jein zu retten oder mit einem ‚das kann man so nicht sagen‘ aus der Affäre zu ziehen – aber die Frage als solche sieht diese Möglichkeiten nicht vor."

„Sollte man dann nicht grundsätzlich nur offene Fragen stellen?" erkundigte sich Lukas.

„Nein. Denn wie Sie mit Ihrer Frage soeben bewiesen haben, kann man kaum mit einem anderen sprachlichen Mittel so präzisieren wie mit einer geschlossenen Frage. Wenn ich nicht die ganze europäische Landkarte durchackern will, frage ich eben: ‚Willst du nach Portugal oder nach Norwegen.‘ Sie müssen immer abwägen, was die Frage, die Sie stellen, leisten soll. Für exakte Bestimmungen sind geschlossene Fragen unübertroffen. Denken Sie doch an das Spiel, bei dem man einen Punkt in einem 64 Felder umfassenden Quadrat auffinden soll. Da fragt man ja auch: rechte oder linke Hälfte, oben oder unten, innen oder außen. Diese Dichotomie, also diese ausschließliche Zweiheit, macht vieles einfacher, was sonst ausgesprochen unüberschaubar und verwirrend wäre."

„Komisch: Als ich die simple Unterscheidung ‚offene vs. geschlossene Frage‘ hörte", philosophierte Sabine, „dachte ich: ‚was bringt mir das?‘ Und jetzt realisiere ich, daß schon diese geringfügige Differenzierung das ganze Spektrum der Tauglichkeit durchschimmern läßt. Mir ist jetzt viel klarer, was ich mit einer geschickten Frage alles erreichen kann."

„Ihre Begeisterung in Ehren, Frau Bach. Doch lassen Sie mich an dieser Stelle, bevor ich noch tiefer in die einzelnen Untergruppen der Fragenfamilie einsteige, eine innige Warnung vor rhetorischen Fragen und Suggestivfragen aussprechen. Diese beiden können leicht ein Eigentor werden."

„Was haben die beiden am Kerbholz?" stutzte Lukas.

Dr. Weissenstein mußte glucksen, „Herr Renner, Ihre Formulierungen sind von unkonventioneller Frische! Verbrochen haben sie nichts, aber sie verleiten dazu, sie zu mißbrauchen; und dort liegt die Gefahr.

Die **rhetorische Frage** ist eigentlich eine Stilfigur und keine Frage im eigentlichen Sinne. Zum Beispiel, wenn draußen die Sonne scheint und Sie fragen: ‚Ist das ein schöner Tag?' Da passiert zumeist noch nichts. Kriecht allerdings jemand auf allen Vieren auf dem Boden herum, ist schon hektisch und ärgerlich, weil er etwas verloren hat und Sie fragen: ‚Suchst Du etwas?', dann kann das schon der Tropfen sein, der das Faß zum Überlaufen bringt. Rhetorische Fragen gehören aufs Rednerpult. Im Rahmen eines Referates vor dem Finanzausschuß darf man fragen: ‚Wollen Sie das Geld zum Fenster hinauswerfen?' und sie mit dem nächsten Satz gleich beantworten. Aber im Gespräch zwischen Menschen sind sie zumeist Tretminen.

Die **Suggestivfrage** ist auch ein heikles Pflänzchen. Grundsätzlich kann man mit ihr, wie der Name schon sagt, dem Gesprächspartner etwas unterzujubeln versuchen. Das versucht man jedoch zumeist nicht ungestraft, denn der andere merkt die Absicht dahinter. Wer von uns ist nicht schon in Begleitung eines Menschen im Kino gewesen, der unaufhörlich fragte: ‚Na ist das nicht ein toller Film?', ‚Ist diese Szene nicht phantastisch?', ‚Sind die Schauspieler nicht fabelhaft?' und wir fanden nicht nur den Streifen zum Gähnen, sondern auch das Gerede zermürbend. Natürlich sollte uns durch die Superlative ‚toll' und ‚fabelhaft' suggeriert werden, daß wir Kostverächter wären und der Schmarren auf der Leinwand ein Meisterwerk. ‚Aber das macht Ihnen doch nichts aus?' – solche Suggestivfragen machen sauer; außer sie werden so gekonnt eingesetzt, daß der Gesprächspartner das Spiel nicht durchschaut. Das ist aber der Ausnahmefall!"

„Welche sind nun die ‚guten Fragen', die wir verwenden sollen?" bohrte Lukas schon ganz kribbelig.

> **Fragen beweisen Ihre Initiative!**
> Mit Fragen signalisieren Sie Ihrem Gesprächspartner, daß Sie zwar dynamisch, aber nicht dominant sind. Das macht Sie sympathisch. Durch geschickte Fragen können Sie diesen Vertrauensvorschuß nützen und Ihre positive Wirkung auf das Produkt übertragen. Z.B.: „Können Sie sich vorstellen, daß unser Serviceteam ebenso kundenorientiert agiert wie unser Beraterteam?"

„Im Gegensatz zu den erwähnten ‚Un-Fragen', die ja weniger Information einholen als Information manipulieren, alle Fragen, die Neuigkeiten zu sammeln helfen. Klassifizierungen gibt es wie Sand am Meer – lassen Sie mich einmal versuchen, sie nach Anwendungsfeldern zu ordnen:
- Analysefragen,
- Problemfragen,
- Leitfragen,
- Brauchbarkeitsfragen,
- Abschlußfragen."

„Werden nicht auch direkte und indirekte Fragen unterschieden?" kramte Sabine in ihren Vorkenntnissen.

„Frau Bach, es ist wie auf einem Marktstand für Viktualien. Sie können nach Obst und Gemüse sortieren, nach leicht verderblich und länger haltbar. Sie können nach Farben ordnen oder nach Preisniveaus, ob das Zeug unter der Erde, über dem Boden, in Stauden auf Sträuchern oder Bäumen gewachsen ist – Hauptsache ist: Sie kennen sich aus! Freilich unterscheiden Puristen auch zwischen direkten und indirekten Fragen. Doch wir wollen uns eigentlich nur mit direkten Fragen beschäftigen, denn die indirekten Fragen gehören für mich zu den ‚Un-Fragen'. Direkte Fragen steuern unmittelbar auf das Ziel zu; sind also zumeist Informationsfragen und auch grammatikalisch als Fragen identifizierbar. Manchmal erscheint es aber gegeben, ein Ziel auf Umwegen anzusteuern. ‚Wenn ich nur wüßte, wann du heute heimkommst', ist so eine Frage in Verkleidung; eigentlich sollte es ‚wann kommst du heute heim?' heißen. Das finde ich konkreter und ehrlicher – wenngleich ich zugebe, daß es mitunter geschickt sein kann, eine Frage im Tarngewand zu placieren. Das kommt auf die Situation an und natürlich auch auf den Menschen, der sich der Methode bedient."

> **Fragen regen das Denken an!**
> Je mehr Kreativität Sie ins Fragen legen (regt Ihr eigenes Denken an!), desto schärfer muß Ihr Gesprächspartner über eine Antwort nachdenken. Das ist eine Herausforderung und bringt Abwechslung in den Alltag (regt das Denken des anderen an!). Die Wahrscheinlichkeit ist groß, daß es auf diese Weise zu einem konstruktiven Gespräch kommt – und deshalb telefonieren Sie ja!

„Ich hatte mir unter ‚indirekten Fragen' etwas ganz anderes vorgestellt", orientierte sich Lukas etwas irritiert. „Nämlich?" drängelte Sabine spitz. „Zum Beispiel, wenn ich in Schlips und Kragen zur Tür hinaus will und meine Mutter flötet: ‚Gehst du heut' gar nicht auf den Fußballplatz?' oder meine Freundin säuselt: ‚Gehst du noch Zigaretten holen?' und eigentlich will sie wissen, ob ich bei der Gelegenheit auch noch die Getränkekisten heimschleppe."

„Und ich kenne Männer, die fragen: ‚Häschen, kann ich dir in der Küche helfen?' und wollen doch nur wissen, wann das Essen auf dem Tisch stehen wird. Aber das sind keine ‚indirekten Fragen', sondern ‚hinterfotzige Fragen'."

„Ich würde sie gern ‚listige Fragen' nennen", schaltete sich der Verkaufsdirektor wieder ein. „Wie die indirekten Fragen können sie durchaus dazu führen, daß man an Informationen kommt, die man anders nicht so leicht erhielte. ‚Wie sind Ihre Erfahrungen mit der neuen Software?' fördert unverzüglich zutage: ‚Welche neue Software? Wir haben seit fünf Jahren keine neue Software im Hause.' Na, dann wissen Sie als Software-Verkäufer, daß da einiges zu holen sein muß. Das kann schon schlau sein, so durch die Hintertüre zu kommen – nur fällt es mir schwer, darin eine eigene Fragengattung zu erblicken. Das ist eher eine eigene Kategorie von Fragestellern."

„Problemfragen haben Sie vorhin gesagt", rief Lukas den Ausgangspunkt der Unterweisung ins Gedächtnis, „umkreist man nicht letztendlich mit jeder Frage ein Problem?"

„Lassen Sie uns bei der von mir genannten Reihenfolge bleiben. Mit etwas Sprachwitz ergeben die Anfangsbuchstaben A-P-L-B-A das Wort ‚Apfelbaum – APfeLBAum'. Der ‚Aplba' wird Ihnen anfangs helfen, die Fragen auch in einer sinnvollen Reihenfolge zu stellen. Bleiben wir bei den

Analysefragen: Sie sind auch unter ‚W-Fragen' bekannt. Wer, was, wie, wo, wann leiten diese Sätze zumeist ein, und man bekommt konkrete Antworten zur Bedarfsanalyse. Mit diesen pirscht man sich an das eigentliche Problem heran, das man dann mit den **Problemfragen** abgrenzt. Sie gehören faktisch auch noch zu den W-Fragen. Warum, weshalb, wieso arbeiten sehr genau den Kern eines Bedarfs heraus, die Ursachen. So läßt sich die persönliche Situation definieren, die uns zu den Erfordernissen des Kunden hinführt. Jetzt stellen wir die

Leitfragen: Sie leiten uns direkt zur Nachfrage durch den Kunden. Schließlich weiß er womöglich noch gar nicht, daß er unser Angebot wahrnehmen möchte. Wir wissen aber, daß wir ihn gut bedienen könnten, wenn er uns ließe. Also stellen wir Fragen, die unseren Gesprächspartner dorthin leiten, wo wir ihn haben wollen. ‚Können Sie sich vorstellen ...?', ‚Entspricht es Ihren Gebräuchen ...?', ‚Kann man davon ausgehen ...?', ‚Darf ich daraus ableiten ...?', ‚Wie hört sich das für Sie an, wenn ...?'. Auf diese Weise können Sie dem Gesprächspartner eine Ahnung vermitteln, welche Problemlösung Sie auf Lager haben. Um das Angebot maßschneidern zu können, stellen Sie jetzt

Brauchbarkeitsfragen: Sie klopfen ab, wodurch der Kunde einen größtmöglichen Nutzen erzielt. ‚Was soll das Produkt können?', ‚Was muß eine gute Lösung leisten?', ‚Würde es Ihnen helfen, wenn ...?', ‚Was können wir tun, damit Sie zufrieden sind?' loten aus, wo die Prioritäten des Gesprächspartners liegen. Es hat keinen Sinn, über den günstigen Preis zu verkaufen, wenn für den Kunden Strapazfähigkeit im Vordergrund steht. Für eine Firma, die auf die Modernität ihrer Gerätschaften stolz ist, sind traditionell solide Maschinen mit geringem Wartungsbedarf unbrauchbar; hier muß man Innovation verkaufen; das hohe technische Know-how, das gerade diesen Maschinentyp seit Jahrzehnten zum Marktführer macht. Brauchbarkeitsfragen helfen Ihnen, präzise die Zweckmäßigkeit zu definieren. Ist das Gespräch bis hierher gediehen und hat das Produkt die Brauchbarkeitsprüfung bestanden, brauchen Sie nur noch die

Abschlußfragen zu stellen. ‚Möchten Sie lieber Version A oder B kennenlernen?', ‚Ist es Ihnen recht, wenn wir in der zweiten Monatshälfte liefern?', ‚Möchten Sie die drei Prozent Kassaskonto bei Sofortzahlung in Anspruch nehmen oder bevorzugen

Sie einen anderen Zahlungsmodus?'. Abschlußfragen kleiden die harten business facts in sanfte Hüllen und helfen beiden Handelspartnern, rasch eine befriedigende Lösung zu finden. Sie sind quasi die Hebammen bei der Geburt eines Geschäfts. Und damit haben Sie nun den Aplba abgeerntet!"

81 Fragen ermöglichen, daß Ihr Kunde sich selbst überzeugt!

Ähnlich den Fragen, die Sie in Tip 74 beantwortet haben, und damit für sich selbst argumentiert haben, warum ein Gespräch mit Ihnen ein Gewinn ist, können Sie das auch mit Ihrem Telefonpartner tun. Fragen Sie gezielt nach jenen Argumenten, die für ihn entscheidend sind. Und lassen Sie ihn selbst darauf kommen, daß er Ihr Angebot wünscht. „Was spricht dafür, ...?", „Was erwarten Sie von ...?", „Wie stellen Sie sich ... vor?", „Worin liegt hierbei Ihr Nutzen?"

„Bislang bin ich um den Themenkreis ‚Fragen' herumgeschlichen wie die Katze um den heißen Brei. In den meisten Büchern sind das seitenlange Abhandlungen zum Gegenstand, und dann hab' ich den Kopf immer so voll mit den Details, daß ich nicht weiß, womit ich beginnen soll. Ich sehe nur, was ich alles falsch machen kann und tue dann am liebsten gar nichts", beichtete Sabine.

„Ich habe ja großes Interesse, daß Sie das Handwerkszeug, das ich Ihnen zur Verfügung stelle, auch anwenden. Ich bin ein Gegner der Muttertagsgeschenke, die im Schrank verschwinden, weil sie zu schade für den Gebrauch sind, und benützt wird das Alte, womöglich Kaputte", erläuterte Dr. Weissenstein. „Ihr sollt die Hinweise ja umsetzen, also müßt Ihr auch das Gefühl haben, daß dadurch das Leben einfacher wird, nicht komplizierter!"

„Ich habe einmal etwas von ‚Alternativfragen' gehört", erkundigte sich Lukas. „Wohin gehören die?"

„Alternativfragen wenden wir vorwiegend dann an, wenn wir eine Entscheidung herbeiführen wollen, also hauptsächlich als Abschlußfrage – dort haben wir sie auch schon kennengelernt. ‚Möchten Sie lieber vierzehntägig sechs Fässer oder jeweils zum Monatsersten ein Dutzend?' Sie integrieren das Entweder-Oder in die Frage, um dem Gesprächspartner einerseits Wahlfreiheit zu geben, andererseits dirigieren Sie ihn in eine bestimmte Richtung."

„Aha! So, wie wenn ich meine Freundin frage, ob sie lieber ins Kino oder ins Konzert möchte, damit sie gar nicht erst auf die Idee kommt, mich ins Theater zu schleppen?" versicherte sich Lukas.

„Ja, Herr Renner, intuitiv sind Sie ein Abschlußkünstler!" bestätigte ihn der Verkaufsdirektor.

„Mir spuken die ganze Zeit die sogenannten ‚Ja-Fragen' im Hinterkopf herum", holte Sabine sich noch Information. „Sind die für uns wichtig?"

„Ja und nein. Ich persönlich bevorzuge die Bezeichnung ‚Ja-Straße' bzw. ‚Ja-Technik', weil es sich um ein Anwendungsgebiet von Fragetechnik im Verkauf handelt. Dahinter steht die Erkenntnis, daß Menschen – Gewohnheitstiere, die sie nun einmal sind – mit einer hohen Wahrscheinlichkeit zu einem Kauf ‚ja' sagen, wenn man sie vorher dadurch positiv gestimmt hat, daß man ihnen häufig die Möglichkeit gegeben hat, mit ‚ja' zu antworten. Da muß man vorher natürlich gut recherchieren, daß man viel vom Kunden weiß, das der dann bejahen kann. ‚Sie sind Frau Koch?', ‚Ja!', ‚Freut mich sehr. Hat das Sekretariat ausgerichtet, daß ich um 14.00 Uhr anrufen werde?', ‚Ja!', ‚Sie sind die Nachfolgerin von Herrn Kellner?' ‚Ja!', ‚Dann hatten Sie in der kurzen Zeit, die seit dem Wechsel vergangen ist, sicher noch keine Gelegenheit, sich mit allen Feinheiten vertraut zu machen?', ‚Ja!', ‚Darf ich Ihnen behilflich sein, Sie in die langjährige Verbindung mit unserem Hause einzuführen?', ‚Ja!' Das nennt man: ‚Eine «Ja-Straße» legen'. Aber ich möchte meinem Grundsatz treu bleiben, Eure Köpfe nicht zu überladen. Mir ist es lieber, Ihr wendet APLBA im Schlaf an, als Ihr jongliert zittrig und verkrampft Spielarten sonder Zahl."

„Die ganze Zeit überlege ich, ob ich mit dem Kunden von vorhin anders umgegangen wäre, wenn ich mir schon früher den Kopf übers Fragen zerbrochen hätte", grübelte Lukas halblaut.

„Was ist denn geschehen?" fragte Dr. Weissenstein nach.

Kein Kreuzverhör am Telefon!

Fragen sind nur so lange eine elegante Maßnahme, den Telefonpartner ins Zentrum des Gesprächs zu rücken, solange man sich an die eiserne Regel hält: Frage – Antwort – Frage – Antwort. Sobald Sie zwei oder mehrere Fragen hintereinander stellen, erzielen Sie den genau gegenteiligen Effekt: Sie schütten Ihren Ge-

> sprächspartner mit Ihrem Interesse zu, und er weiß nicht, was er zuerst soll. Bombardieren Sie nicht mit Fragen, sondern locken Sie sanft und warten Sie die Antwort vollständig ab.

„Ich hätte ihn an die Wand kleben können", startete Lukas ehrlich, aber ungeschickt, denn der Verkaufsdirektor mahnte sogleich: „Das haben Sie hoffentlich nicht durchblicken lassen!?" „Nein, nein!" strampelte Lukas um seine Reputation, „ich war die ganze Zeit sehr höflich. Deshalb ist mir ja nicht klar, weshalb der Mann so abgeblockt hat. Ich wollte lediglich wissen, ob er die Aussendung erhalten hat. Und er wiederholte stereotyp: ‚Ich brauche keine Aussendung. Ich kaufe ohnedies nichts.' Das war zermürbend."

„Was kann man da machen, Frau Bach?" gab Dr. Weissenstein den Ball gleich weiter.

„Ich glaube, ich hätte mit ihm zu flirten begonnen. Aber da ist Lukas ja arm! Ich hätte so süß wie möglich zu beteuern versucht, daß es mir ja nicht darum ginge, ihm etwas zu verkaufen, sondern lediglich, ihn auf dem neuesten Stand der Informationen zu halten, weil doch ein so umfassend orientierter und kompetenter Mann wie er ..."

„Das gefällt mir schon recht gut! Und was hätten Sie dann unternommen?" hakte Dr. Weissenstein nach.

„Dann weiß ich auch nicht so recht ...", suchte Sabine nach Ausflüchten.

„Dann wäre ein Fax mit kurzfristig aktuellen Sonderangeboten eine Idee gewesen. Bei einem Fax kann man ziemlich sicher sein, daß es ankommt, und es ist allein durch die Geschwindigkeit schon wichtig. Daraufhin kann man wieder anrufen, nur um die Meinung des Kunden einzuholen, neue Problemfragen zu stellen. Das versetzt uns in die Lage, aus unserer Produktpalette schärfer nach den Bedürfnissen des Kunden auszuwählen. So ein speziell abgestimmtes Programm würde dann wieder auf dem Postweg übermittelt werden. Solche Leute sollen sich betreut fühlen, nicht bedrängt; sonst geben sie ihre Abwehrhaltung nie auf. Wie ißt man einen Elefanten?"

„Einen Elefanten?" Lukas war perplex.

„Stück für Stück für Stück ...", lachte Dr. Weissenstein und verließ vergnügt das Zimmer.

ÜBERSICHT

Lust statt Frust

A mental movie
B Affirmationen
C Prellbock-Methode

mental movie

- Suchen Sie einen Ort auf, an dem Sie ungestört sind!
- Nehmen Sie eine bequeme Haltung ein!
- Schließen Sie die Augen!
- Erinnern Sie sich an eine Situation, in der Sie sich erfolgreich und gut gefühlt haben!
- Drehen Sie den Film „Ich bin ein toller Typ" mit allen Zutaten eines Kassenschlagers!
- Nehmen Sie dieses feeling mit ins Hier+Jetzt!

Affirmationen

- Lauschen Sie in sich: welche negativen Leitsätze wirken?
- Setzen Sie bewußt konstruktive Leitsätze dagegen!
- Sprechen Sie diese Affirmationen ruhig laut aus!
- Ersetzen Sie „ich muß"-Formulierungen durch „ich kann"!
- Affirmationen sind kurz, klar.
- Affirmationen stehen in der Gegenwart und im Indikativ.

Prellbock-Methode

- Rufen Sie als Ihr eigener Assistent an!
- Bemühen Sie sich bei schwierigen Kunden vorerst nur um eine Kontaktmöglichkeit für Ihren Vorgesetzten!
- Der Assistent kann Fehler machen – und Sie haben eine zweite Chance.

Arten von Fragen

❑ **Analysefragen**
   WER?
   WAS?
   WIE?
   WO?
   WANN?

❑ **Problemfragen**
   WARUM?
   WIESO?
   WESHALB?

❑ **Leitfragen**
   „Entspricht es Ihren Gebräuchen ...?"
   „Kann man davon ausgehen ...?"
   „Darf ich daraus ableiten ...?"

❑ **Brauchbarkeitsfragen**
   „Was soll das Produkt können?"
   „Was muß eine gute Lösung leisten?"
   „Was können wir tun, damit Sie zufrieden sind?"

❑ **Abschlußfragen**
   „Möchten Sie lieber dies oder jenes?"
   „Bevorzugen Sie diese oder jene Variante?"
   „Ist der Bedarf früher oder später akut?"
   „Haben Sie allgemeines oder spezielles Interesse?"

ARBEITSBLATT

Warum soll der Kunde zuhören?

Schreiben Sie Ihre Gedanken auf!

ARBEITSBLATT

Welche Problemlösung bieten Sie?

Schreiben Sie Ihre Gedanken auf!

ARBEITSBLATT

Warum soll der Kunde „Ja" sagen?

Schreiben Sie Ihre Gedanken auf!

ARBEITSBLATT

Worum geht es?

Schreiben Sie Ihre Gedanken auf!

ARBEITSBLATT

Die zehn wichtigsten Vorteile meines Produkts

Produkt: _____

Vorteile:

❏ _____

❏ _____

❏ _____

❏ _____

❏ _____

❏ _____

❏ _____

❏ _____

❏ _____

❏ _____

3 X 7 „POWER SPOTS"

▶ zum Denken

- ❏ Wie ein Sieger denken, um siegreich zu sein!
- ❏ Zielorientiert denken = Ziel erreichen!
- ❏ „Denkzettel": Kopf frei für den Erfolg!
- ❏ Über die eigene Schreibtischkante hinaus denken!
- ❏ Für andere „mitdenken" heißt „mitlenken"!
- ❏ Jede neue Idee ist ein Baustein für die Zukunft!
- ❏ Vor Inbetriebnahme des Mundwerks Gehirn einschalten!

▶ zum Fühlen

- ❏ Spüre die Kraft, die in dir wohnt!
- ❏ Selbstachtung ist die Wurzel jeden Respekts!
- ❏ Arbeit darf Spaß machen – Arbeit soll Spaß machen!
- ❏ Sag' „ja" zu deiner Aufgabe – und du kannst!
- ❏ Take it easy – nimm's leicht – das Leben ist schwer genug!
- ❏ Jeder läßt einmal den Kopf hängen ... um durch eine niedrige Tür zu kommen!
- ❏ Lächeln ist die netteste Art, die Zähne zu zeigen!

▶ zum Handeln

- ❏ Brauchbar ist besser als perfekt!
- ❏ Nur wer schläft, sündigt nicht!
- ❏ Erfolg suchen bringt mehr, als Mißerfolg zu vermeiden!
- ❏ Auch der weiteste Weg beginnt mit dem ersten Schritt!
- ❏ „Macht" kommt von „machen"!
- ❏ Lieber rechtgeben als rechthaben!
- ❏ Du bist gut – zeig' es!

5 ZIELSETZUNGEN

„Wenn ich Sie recht verstanden habe, dann waren Sie nicht mit unserem Produkt unzufrieden, sondern mit unseren Zahlungsmodalitäten?" hörte man Lukas schon am frühen Morgen telefonieren.
„Ja."
„Könnten Sie sich vorstellen, auch wieder mit uns zu kooperieren, wenn wir Ihnen ein attraktives Angebot machen?"
„Ja, natürlich!"
„Wie sollte ein Finanzierungsplan aussehen, der für Sie interessant ist?"
„Nun, da gibt es verschiedene Möglichkeiten, die man im einzelnen unter vier Augen diskutieren muß. Haben Sie konkrete Vorschläge?"
„Ich darf das nicht allein entscheiden, deshalb möchte ich gern einen Kundenberater aus unserer Controlling-Abteilung über unser gelungenes Telefonat informieren. Er kann Ihnen exakte Zahlen nennen und die für Sie günstigste Variante ausrechnen. Darf er sich bei Ihnen melden, Herr Schäfer?"
„Ja. Ich bitte darum."
„Wenn es Ihnen recht ist, faxe ich Ihnen – nur zur Information – unsere allgemeinen Geschäftsbedingungen. Damit Sie sich schon einmal orientieren können."
„Das kann nie schaden. Ich erwarte also den Anruf Ihres Kollegen innerhalb der nächsten – sagen wir – 48 Stunden. Wenn er mich nicht erreicht, soll er eine Botschaft in meinem Sekretariat hinterlassen."
„Darauf können Sie sich verlassen! Herzlichen Dank für Ihr Interesse. Wir werden alles tun, Sie zufrieden zu stellen."
„Ich danke Ihnen. Auf Wiederhören."

> **Übung macht den Meister!**
>
> Dieses Sprichwort mag Ihnen banal erscheinen – ist aber einer der Schlüssel zu Ihrem Erfolg! Man lernt weder Kochen noch Autofahren aus Büchern, obwohl man dort viele wichtige Hinweise findet. Mit jedem Telefonat werden Sie besser! Und jeder Schnitzer bedeutet eine wichtige Erfahrung mehr!

Lukas war von diesem Tagesbeginn mehr als angetan. Voller Elan rief er sofort im Controlling an, um die Staffette zu übergeben. Minuten später hörte man ihn über den halben Gang fluchen: „Diese borniertEN Buchhalter! Wir zerreißen uns für einen neuen Auftrag, und die sind zu lahm, die Schleife ums Paket zu binden!"

„Hat Sie das böse Wildschwein gebissen?" erkundigte sich Sabine. „Warum toben Sie denn wie gestört? Da kann doch kein Mensch arbeiten. Was ist denn geschehen?"

> **Kunden sind keine Engel!**
>
> Natürlich hat jeder Telefonpartner seine eigenen Interessen im Auge – das ist sein gutes Recht. Wenn infolge dessen Ihr Angebot diesmal keine Resonanz findet, dann liegt das nicht an Ihnen, sondern an ihm. Sie geben Ihr bestes! Wer es nicht akzeptiert, hat es sich selbst zuzuschreiben. Das heißt:
> ❑ Mißerfolge machen den Erfolg erst süß!
> ❑ Das nächste Mal ist alles anders!

„Diese Transuse, die nur Soll und Haben auseinanderhalten kann, sagt mir doch glatt, ich solle mich um meinen Schmarren kümmern und ihnen keine Vorschriften machen, wer wen wann zu besuchen hätte. Die machen uns noch einmal den Deal kaputt. Wer weiß, was die in ihrer Sturheit noch alles verbockt haben? Ich geh' jetzt zu Dr. Weissenstein und bitte ihn, daß der mal von oben den Schornstein schleift."

„Eine Frage, Kollege Zornbinkel: Weshalb wollen Sie zu Dr. Weissenstein gehen, und Frau Mag. Pauli haben Sie angerufen?"

„Na ... weil ... ich meine ... also ... ich kann ja nicht wegen jeder Lapalie im Haus herumhirschen. Da gehe ich ja mehr spazieren als sonst etwas!"

> **Reagieren Sie Ihren Unmut ab – nur nicht am Telefon!**
>
> Es liegt auf der Hand, daß Sie nicht jedes Telefonat emotionslos beenden werden. Sind Sie freudig, kommt es dem Nächsten zugute. Ärgern Sie sich, ist es unabdingbar, daß sie den Ärger bis zur Verabschiedung in den Hintergrund drängen. Dann werden Sie Ihren Ärger so schnell wie möglich los – aber nie am Telefon! Der nächste Gesprächspartner kann am wenigsten dafür.

> **86 Ärger ist eine gesunde Reaktion!**
> Ärger ist eines der ältesten Verhaltensmuster des Menschen. Ärger bereitet den Körper optimal auf einen Kampf vor. Ärger wird man deshalb am schnellsten los, wenn man den Körper das tun läßt, worauf er vorbereitet ist: Kämpfen. Brüllen Sie den Feuerlöscher an, boxen Sie gegen den Schatten an der Wand ... Reagieren Sie sich ab, akzeptieren Sie Ihr Gefühl als natürliches Bedürfnis – und kehren Sie zu Ihrem professionellen Verhalten zurück!

„Finden Sie? In der Zeit, in der Sie hier toben, mit mir plaudern, Herrn Dr. Weissenstein aktivieren, um den Karren aus dem Dreck zu ziehen und schlußendlich von vorn beginnen, hätten Sie längst Frau Pauli besuchen und ihr einen Ihrer unwiderstehlichen Augenaufschläge schenken können. Die Dame hätte Ihnen vermutlich sogar noch den Zucker in den Kaffee getan."

„Ich will keinen Zucker im Kaffee, ich will eine ordentliche Nachbetreuung für meine Kunden. Ich habe geglaubt, bei uns im Hause ist alles so total kundenorientiert?"

„Für Frau Mag. Pauli sind Sie aber kein Kunde, sondern ein ungezogener Bengel. Und damit hat sie gar nicht so unrecht. Wenn man von einem Menschen etwas will, dann ist man zumindest so höflich, daß man ihn als Person anerkennt. Eine der probatesten Methoden ist, daß man ihm in die Augen sieht."

> **87 Erzeugen Sie Sog, nicht Druck!**
> Druck erzeugt Gegendruck. Dieses alte physikalische Gesetz gilt auch im zwischenmenschlichen Bereich. Wenn Sie von Menschen etwas wollen, ist es viel klüger, Sie erzeugen eine Sogwirkung. Im Umgang am Telefon gelingt das am besten mit ausgesuchter Höflichkeit (sie verpflichtet), mit Verständnis für die Lage des anderen (läßt Angriffslust verpuffen) und mit wohldosierter Hilflosigkeit (veranlaßt den anderen, Sie zu unterstützen). Damit haben Sie Ihren Telefonpartner wieder in Ihrer Gasse!

„Und wenn die Zicke tausend Kilometer weit weg säße? Sollte ich dann vielleicht auf die Walz gehen?"

„Lukas! Was ist denn los mit Ihnen? Wollen Sie nicht begreifen, oder können Sie nicht?"

„Wahrscheinlich kann er nicht, weil Sie noch nicht seine Sprache gefunden haben, Frau Bach", trat jetzt Angelika Wollner auf den Plan. „Hören Sie, Herr Renner. Was Frau Bach ihnen verständlich machen will, ist folgendes: Das Telefon hat eine wichtige Stimme im Chor der menschlichen Beziehungsmöglichkeiten. Es schafft über große Räume Nähe; aber es schafft auch Distanz. Nämlich dort, wo man die Leitung zwischenschaltet, obwohl man persönlich in Kontakt treten könnte. Das Telefon ist ein wichtiges Instrument, aber man muß es spielen können. Ein Gute-Nacht-Lied intoniert man ja auch nicht mit Pauken und Trompeten!"

Das Telefon hat Vor- und Nachteile!

Das Telefon ist ein direktes Medium.
Das Telefon ist ein Augenblicksmedium.
Das Telefon braucht die Anwesenheit des Menschen.
Das Telefon ist unmittelbar.
Das Telefon kennt keine Umwege.
Das Telefon hat keine Korrekturtaste.

Jede dieser Eigenschaften ist je nach Situation günstig oder ungünstig. Bedenken Sie also die Situation und treffen Sie dann Ihre Entscheidung!

„Das hätte sie mir ja gleich sagen können. Heißt das im Klartext, ich soll die Leute, die ich besuchen kann, besuchen, ein Gesichtsbad nehmen; und bei äußerster Wichtigkeit, dann kann ich auch einmal schnell telefonieren, weil man ohnehin einen guten Draht zueinander hat. Und wenn jemand weit weg ist, dann verkehrt sich das System. Dann ist das Telefon besser als jeder Brief, weil man gleich die Antwort bekommt, weil man Persönliches hineinspielen lassen kann, was in keinem Brief der Welt Platz hätte, weil man von dem Menschen wenigstens die Stimme hat und nicht nur ein nichtssagendes Blatt Papier?"

„Bingo! Warum denn nicht gleich?" ätzte Sabine.

„Weil Herr Renner ein anderes Repräsentationssystem hat, Frau Bach", dozierte die Verkaufsassistentin.

„Ein anderes ‚Was' habe ich?" staunte Lukas.

„Repräsentationssystem. Ich komme nachher gleich zu Euch und erzähle mehr. Jetzt stimmen Sie erst einmal Ihr Controlling-

Klavier nach. Die Leute werden Sie noch oft brauchen, denn bei denen klingelt die Kassa!"

Lukas brachte seinen Canossa-Gang mit Bravour hinter sich und war nach relativ kurzer Zeit wieder zurück an seinem Schreibtisch. Das hätte er wirklich gleich haben können. Ziemlich kleinlaut pirschte er sich an seine Kollegin: „Sabine? wie kann ich Sie wieder umstimmen?"

„Ahh! Der Herr Kollege will wieder aus meinem Fettnapf heraus? Das hab' ich gern: Erst bockig und dann schäfchensanft – Ihnen muß man wohl von Zeit zu Zeit die Hammelbeine langziehen?"

„Sie machen das so unvergleichlich charmant, werte Kollegin!"

„Na, Hauptsache ist, Sie wissen nun, wo's lang geht! Ich weiß ja von mir, wie oft ich gegen meine Bequemlichkeit ankämpfen muß, um den Popo zu heben und drei Zimmer weiter anzuklopfen – aber es hat sich noch immer gelohnt. Wenn man Menschen – Kunden wie Kollegen – einmal kennengelernt hat, dann tut man sich auch mit dem Telefonieren leichter. Das ist eine immerwährende Gratwanderung: Ist ein Besuch angebracht? Ist er Selbstzweck? Ist er Gewohnheit und ein kurzes Telefonat viel effizienter? Ist der Besuch nach den anfänglichen Telefonaten sogar notwendig, um die persönliche Bindung zu intensivieren? Ist ein kurzer Anruf, ohne besonderen Anlaß, zur Kontaktpflege sogar spontaner als ein offizieller Besuch? Einfach – scheinbar unvorbereitet – absichtslos anrufen und fragen, wie's geht und ob alles okay ist? – Das erzeugt ein weiches Kissen, auf das dann Schwierigkeiten schadlos fallen können.

Das Telefon ist ein Zauberdraht – aber man darf es nicht allein lassen. Man muß andere Mittel mitverwenden. Schriftliches, egal ob gefaxt oder auf dem Postweg zugestellt, um ausführliche Auskünfte zu übermitteln, Anschauungsmaterial, Besuche, Einladungen ... alles zusammen ergibt dann eine unschlagbare Kombination."

„Ich hab' das Telefon immer als Ersatz für andere Wege der Beziehungspflege gehalten, statt es als Ergänzung zu begreifen. Das ist natürlich ein ganz anderes Paar Strümpfe! Apropos anderes Paar Strümpfe: Gleich zu Beginn unseres Disputs haben Sie etwas gesagt, von wegen Dr. Weissenstein besuchen und nicht die Buchhaltung – was wollten Sie mir damit genau sagen?"

89 Das Telefon ist eine Ergänzung der Kommunikationsmittel!

Im beruflichen Alltag haben wir eine Fülle von Möglichkeiten, mit unseren Geschäftspartnern in Verbindung zu treten. Besuch, Brief, Vorführung, Telex, Fax, Einladung, Anruf ... Das Telefon ist eine Möglichkeit. Es ist Ergänzung und nicht Ersatz. Erst wenn wir das Telefon als das situationsbedingt richtige Mittel erkannt haben, können wir es auch richtig einsetzen. In manchen Fällen ist ein Besuch oder ein Brief sicher angebrachter.

„Ich wollte damit auf unsere alltäglichen kleinen Machtspiele hinaus. Zu Dr. Weissenstein wieseln Sie ganz intuitiv, weil er unser Vorgesetzter ist und weil Sie emotional vor ihm stramm stehen – das hat er sich ja auch verdient. Jedenfalls kämen Sie nie auf die Idee, einfach mal den Verkaufsdirektor anzuklingeln, weil Sie zu faul sind, vor die Tür zu gehen. Vor Frau Mag. Pauli haben Sie längst nicht den Respekt gezeigt – und den hat sie sich erst einmal verschafft."

90 Keine Machtspiele am Telefon!

Es ist verführerisch, das Verhalten, das sich in unserer hierarchisch organisierten Welt als zielführend erwiesen hat, auch am Telefon zu praktizieren. Überhaupt, wenn sich kleine Machtspielchen um so vieles leichter ausleben lassen, weil man den anderen nicht sieht. Achtung: Das wird ein Eigentor! Solange wir uns unterlegen fühlen, suchen wir instinktiv den Augenkontakt, weil wir wissen, daß der im Streitfalle entscheidende Orientierung bietet. Nehmen Sie sich diese Chance nicht in der anderen Richtung. Die vermeintliche Zeitersparnis steht in keinem Verhältnis zum wirklichen Aufwand. Revierkämpfe gehören zum Leben – aber nicht ans Telefon.

„So kann man die Sonate natürlich auch spielen: Als Opus für dissonante Posaunen! Sabine, hören Sie da nicht das Gras wachsen?"
„Halten Sie davon, was Sie wollen. Heute find' ich irgendwie nicht den Kanal zu Ihnen, Lukas!"
„Ich glaub' auch, Frau Bach, daß es da Übertragungsschwierigkeiten zwischen Euch beiden gibt", kommentierte die zurückge-

kehrte Verkaufsassistentin. „Herrn Renners Antennen sind zwar auf Empfang gestellt, aber Sie senden auf einer anderen Wellenlänge. Da ist die Kommunikation natürlich gestört."

„Und deshalb grammelt es bei mir in der Leitung?" vergewisserte sich Lukas.

„An und für sich ja", bestärkte ihn Frau Wollner. „Sie haben eben eine andere ‚Frequenz'."

„Wie kann ich meine Frequenz verbessern?" wollte Lukas sofort seine vermeintlich defekte Anlage reparieren.

> **Die eigene Frequenz verändern – nicht die andere!**
> Obwohl jeder von uns eine Lieblingsfrequenz hat, auf der er sendet, das heißt, ein bevorzugtes Repräsentationssystem, können wir den Frequenzbereich ändern. Ein Telefonprofi paßt sein verbales Verhalten den Bedürfnissen seines Gesprächspartners an – das ist Teil seiner Professionalität! Kein Repräsentationssystem ist besser oder schlechter als ein anderes. Wer wie auf einem Mischpult von einer Frequenz auf eine andere schalten kann, hat den Dreh raus!

„Nicht verbessern, Lukas, wenn, dann verändern. Ihre ‚Frequenz' ist nicht schlecht, sie ist bloß anders. Ich werde Euch jetzt sagen, wie man von einem Wellenbereich auf einen anderen umstellt. In der Sprache des NLP* heißt das: Repräsentationssysteme erkennen. Jeder Mensch hat – darüber haben wir ja schon gesprochen – fünf Sinneskanäle, mit denen er Informationen wahrnehmen und verarbeiten kann. Der Einfachheit halber faßt man für dieses Modell hier tasten, riechen und schmecken als „Körpersinne" zusammen. Es bleiben also drei Hauptschienen, einen Menschen zu erreichen: Die Augen, also das Visuelle, die Ohren, also das Auditive, und das Körpergefühl, das Kinestetische. Die meisten Menschen haben eine Vorliebe für ein Repräsentationssystem; diese Vorliebe wiederum kann ausgeprägter oder schwächer sein, wie die Natur eben so spielt. Wenn man einmal sein eigenes Lieblingssystem kennt, ist schon viel gewonnen. Haben Sie ein Gefühl, wie es bei Ihnen aussehen könnte?" wandte sich Angelika Wollner an beide.

---

* *Neuro-Linguistisches Programmieren: Psychologisch-Therapeutisches Konzept nach Bandler & Grinder*

„Also, ich weiß nicht so recht ... ", stammelte Lukas.

„Erinnern Sie sich, Herr Renner: Wie war das neulich in der Früh, als Frau Bach mit dem Windrad kam?" „Da sprach mein Großvater aus mir."

„Und als Sie dann mit Herrn Dr. Weissenstein den korrekten Einstieg in ein Telefonat erörterten?" „Da hörte ich zuerst diese alte Eingangstüre knarren, dann das verhaltene Tocken der Absätze auf dem Parkett – und dann hörte ich die warme Stimme von Großpapa und das etwas heisere Organ der Gastgeberin ... " „Wie lange ist das her, Lukas?" „Fast zwanzig Jahre." „Und Sie wissen noch, daß die Dame heiser war?" „Freilich! Ich hör's noch ganz genau."

„Und mit ihrer Freundin gehen Sie lieber ins Konzert als ins Theater, haben Sie gestern gesagt", begann Sabine allmählich zu verstehen. „Ich weiß zwar noch nicht, wohin ich gehöre, aber ich weiß, daß ich lieber ins Theater als ins Konzert gehe! Und wenn das etwas damit zu tun hat, daß wir vorhin aneinander vorbei geredet haben, dann sind meine Schweinsohren daran schuld; ich bin total unmusikalisch!"

„Mit Musikalität hat das wenig zu schaffen, aber Sie liegen richtig: Lukas ist ein Ohrenmensch. Vergleichen Sie einmal, mit welchen Worten Sie ihm den Konflikt mit Frau Mag. Pauli erklärt haben und welche Sprache er dann verstanden hat."

„Finden Sie? In der Zeit, in der Sie hier toben, mit mir plaudern, Herrn Dr. Weissenstein aktivieren, um den <u>Karren aus dem Dreck zu ziehen</u> und schließendlich <u>von vorn</u> beginnen, hätten Sie längst Frau Pauli besuchen und ihr einen Ihrer <u>unwidersteblichen Augenaufschläge</u> schenken können. Die Dame hätte Ihnen vermutlich sogar noch <u>den Zucker in den Kaffee</u> getan."

[...]

„Für Frau Mag. Pauli sind Sie aber kein Kunde, sondern ein ungezogener Bengel. Und damit hat sie gar nicht so unrecht. Wenn man von einem Menschen etwas will, dann ist man zumindest so höflich, daß man ihn als Person <u>anerkennt.</u> Eine der probatesten Methoden ist, daß man ihm <u>in die Augen sieht.</u>"

„Ich hingegen, habe versucht, auditive Symbole zu finden – dann hat es ja auch ‚geklingelt'!"

„<u>Hören</u> Sie, Herr Renner. Was Frau Bach ihnen <u>verständlich</u> machen will, ist folgendes: Das Telefon hat eine <u>wichtige Stimme</u>

<u>im Chor</u> der menschlichen Beziehungsmöglichkeiten. Es schafft über große Räume Nähe; aber es schafft auch Distanz. Nämlich dort, wo man die <u>Leitung zwischenschaltet</u>, obwohl man persönlich in Kontakt treten könnte. Das Telefon ist ein wichtiges <u>Instrument</u>, aber man muß es spielen können. <u>Ein Gute-Nacht-Lied intoniert man ja auch nicht mit Pauken und Trompeten!</u>"

„Mit dieser Veranlagung sucht Herr Renner natürlich auch nicht so leidenschaftlich ‚Blickkontakt' wie jemand anderer, und tut sich dafür am Telefon umso leichter ... " „ ... und pfeift und singt ein Lied gegen die Angst – es stimmt wirklich, Ihr habt mich überzeugt: Ich muß wohl ein Ohrenmensch sein!"

Wer sich kennt, erkennt auch andere!

Es ist nicht schwer, herauszufinden, wie man selbst funktioniert. Dann ist es nur noch ein kleiner Schritt, auch andere zu erkennen. Das heißt nicht, daß alle so sind wie Sie! Aber wahrzunehmen, daß jemand ähnlich oder ganz und gar unähnlich ist, kann bereits eine grobe Orientierung sein, Menschen entsprechend ihren Vorlieben zu behandeln. Gerade am Telefon bringt Ihnen das einen Vorsprung.

Wer andere erkennt, kann auf sie eingehen!

Erst wenn man sich über sich selbst klar geworden ist, kann man sich um andere kümmern. Je genauer Sie sich also mit sich und Ihrer näheren Umgebung, die Sie auch zu Rate ziehen können, beschäftigen, desto sicherer wird Ihr Umgang mit Fremdem sein. Suchen Sie sich für die Grundtypen der Kommunikationsmuster in Ihrer privaten Umgebung Modelle. Überlegen Sie sich, wie Sie mit jedem am günstigsten umgehen – und dann behandeln Sie Ihre Telefonpartner nach diesen Strategien. Herrn XY wie Onkel Paul, Frau YZ wie Ihre Cousine Alma.

Wer auf andere eingeht, bereichert sich selbst!

Jedes Telefonat ist eine Chance, etwas Neues zu lernen. Einen unbekannten Menschen kennenzulernen, etwas Unbekanntes an einem Bekannten zu entdecken oder etwas über sich selbst zu er-

> fahren. In uns schlummert viel, was wahrscheinlich ewig schlummern wird, wenn wir es nicht wecken! Probieren Sie also viele Möglichkeiten aus, mit Telefonpartnern Ihr Gesprächsziel zu erreichen. Auch wenn es Ihren privaten Gebräuchen nicht entspricht, kann es eine Erweiterung Ihres Verhaltensrepertoires sein.

„Sogar einer wie aus dem Bilderbuch, will mir scheinen. Ich bin mir nur darüber im Klaren, daß ich kein Ohrenmensch bin; der Rest ist nicht so eindeutig. Aber ich tippe auf Augenmensch mit viel Gefühl?" analysierte sich Sabine.

„Diese Kombination ist gar nicht so selten. Außerdem sind die meisten Leute Mischtypen – aber ein Schwerpunkt läßt sich meistens erkennen. Bei Ihnen, Frau Bach, ist es sicher das Visuelle. Sie sagten zum Beispiel: ‚wir haben aneinander _vorbei_ geredet', ‚wie aus dem _Bilderbuch_', oder: ‚ich bin mir darüber im _klaren_'. Das sind eindeutig visuell orientierte Worte."

„Damit kann ich, glaube ich, leben", reflektierte Sabine. „Am Telefon ist's halt kein Vorteil."

„Sagen Sie das nicht, Sabine!" fand Lukas sogleich einen positiven Aspekt. „Frau Wollner erwähnte doch eben, daß die Visuellen recht zahlreich wären. Da treffen Sie sicher am Telefon auf Ihresgleichen!"

„So hab' ich das noch gar nicht gesehen; doch es stimmt: Man erkennt einander dann wohl auch. Sind Sie, Angelika, eigentlich eine Kin ... ? Wie heißen die Typen?"

„Kinesteten. Sehr wohl, richtig identifiziert. Ich spüre meist, was wo läuft. Ich habe von _Hauptschienen_ gesprochen, sagte _erreichen, ausgeprägt_; fragte ‚_haben Sie ein Gefühl?_' und suchte einen _Schwerpunkt_. Natürlich habe ich gelernt, mich auf meine Gesprächspartner einzustellen, aber _im Grunde meines Herzens_ bin ich körperbezogen, _begreife_ bevor ich verstehe oder einsehe."

„Das hört sich ganz so an, als ob Sie für Sabine die Erklärung, weshalb ich mich zu Frau Mag. Pauli begeben sollte, ganz anders formuliert hätten; also quasi auf ihrer Frequenz gesendet hätten. Wie hätte denn das geklungen?" rätselte Lukas.

„Ungefähr so:

Wahrscheinlich kann er nicht, weil Ihr Schlüssel nicht in sein Schloß paßt. [...] Sehen Sie, Frau Bach, was wir Ihnen erklären *wollen, ist folgendes: Das Telefon ist ein Stein im Puzzle der menschlichen Beziehungen. [...] Nämlich dort, wo man den Augenkontakt vernachlässigt und mittels der Technik eine Art Glaswand baut. Das Telefon ist eine Nuance auf unserer Palette – aber um ein hübsches Gemälde zu gestalten, pinselt man ja auch nicht nur eine Farbe auf die Leinwand. Es muß immer die Wirkung der Schattierungen harmonieren.*

Und einem Kinesteten hätte man es folgendermaßen schmackhaft machen müssen:

Wahrscheinlich kann er nicht, weil Sie nicht an ihn herankommen. [...] Herr Renner, was Frau Bach Ihnen näher bringen will, ist folgendes: Das Telefon ist ein wichtiges Mittel, um menschliche Beziehungen zu knüpfen und gängig zu halten; aber es ist eines unter mehreren – und alle haben ihr Einsatzfeld. [...] Dort, wo man mit dem Medium eine Barriere baut, statt Tuchfühlung zu suchen, geht der Schuß nach hinten los. Man muß schon abklopfen, was wann am günstigsten ist. Sie wollen doch auch spüren, daß man sie schätzt! Und wenn man Sie fernzusteuern versucht, fühlen Sie sich übergangen. Also bürsten Sie die Leute nicht gegen den Strich, und Kinderschöpfe nicht mit einem Pferdestriegel.

Es gibt für alles entsprechende Formulierungen", schloß Frau Wollner.

„Ich muß also nur herausfinden, wie der andere gepolt ist, und die entsprechende Fremdsprache anwenden?" überlegte Lukas.

„Fremdsprache möchte ich nicht sagen," korrigierte die Verkaufsassistentin, „das ist mir zu exotisch. Sie müssen ja nichts Neues lernen, sondern nur Bekanntes bewußter einsetzen. Viele machen das ganz automatisch. Wenn jemand immer nur davon spricht, daß er nicht mitkommt, dann sagen Sie ganz automatisch ‚warten Sie'! So wie man eben ‚warten Sie' sagt, um eine Erklärung einzuleiten. Dabei haben Sie gefühlsmäßig völlig angemessen reagiert und einen kinestetischen Hinweis korrespondierend erwidert."

„Also gänzlich möchte ich mich auf meine Inspiration nicht verlassen müssen", wehrte Lukas ab, „gibt es da keine Faustregeln, an die man sich halten kann?"

„Die Faustregeln haben Sie faktisch schon in der Tasche – oder in Ihrem Idiom ausgedrückt: Zum Thema Gebrauchsanweisung ist eigentlich alles gesagt! Jeder Vertreter eines bestimmten

Repräsentationssystems hat seine eigene Sprache. Und so, wie Sie sich selbst erkannt haben, so erkennen Sie auch andere.

Visuelle Typen erkennen Sie an der bildreichen Sprache. Sie möchten sich ein Bild machen, sehen Möglichkeiten, sehen etwas ganz anders, sehen schon kommen, haben Visionen, schauen sich etwas an, fordern Weitblick, betrachten aus der Nähe, erkennen Schwierigkeiten, lassen sich Perspektiven aufzeigen ...

Auditive Typen verwenden vorwiegend Metaphern aus der Klangwelt. ‚Hast du Töne', rufen sie aus; anerkennen, daß etwas ‚gut klingt' oder ‚sich gut anhört'; fordern: ‚Sprechen Sie weiter'; wundern sich: ‚Hört! Hört!'; wollen ein ander' Mal darüber reden; zitieren: ‚Die Kunde hört' ich wohl, ... '; sagen: ‚Erzählen Sie mir nichts!' und fordern: ‚Reden Sie mir nichts ein'; wenn es ‚klick' macht oder es ‚klingelt', dann erklären sie sich einverstanden."

„Oder hören mitunter das Gras wachsen!" stichelte Sabine.

„Das auch", bestätigte Anglika Wollner. „Manchmal anerkennen sie aber auch, eine Aussage wäre ‚Musik in ihren Ohren'.

Kinestetische Typen lassen sich von ihren Gefühlen leiten. Sie haben bei manchen Dingen ein schlechtes Gefühl, freuen sich über brauchbare Vorschläge, greifen ein Angebot heraus, kommen auf etwas zurück, müssen einem Problem zuvorkommen, bemängeln fehlende Solidität, schneiden Worte ab, stemmen sich wogegen, widersprechen heftig oder massiv, ermuntern: ‚Schießen Sie los', brauchen Grundlagen, freuen sich über griffige Angebote und fischen nicht gern im trüben, sie riechen Chancen und haben eine Nase für Trends."

„Unterscheiden sich die Typen auch in der sonstigen Behandlung?" wollte Lukas, wißbegierig, noch mehr Dampf machen.

„Schon. Sie sind in der Mentalität verschieden und auch im Verhalten.

Visuelle Typen sind unheimlich flink, sie sprechen schnell und erwarten auch, daß man mit ihnen schnell spricht. Ihnen wird rasch langweilig, überhaupt, wenn man ihnen nichts zum Schauen gibt. Sie erwarten Bewegung, wollen meistens auch etwas bewegen, reagieren auf Kontraste. Hübsche Prospekte und farbige Bilder – auch verbale – sind wichtiger als lange Gespräche, drei Faxe bringen mehr als die gleiche Information mündlich.

Auditive Typen sind etwas bedächtiger. Sie lauschen nicht nur darauf was man sagt, sondern wie man es sagt. Hier stimmt das Wort ‚Der Ton macht die Musik'. Auditive horchen genau auf ihren Tonfall, eine sonore resonante Stimme wirkt besser als ein dünnes Piepsen; und sie sind empfänglich für Rhythmen aller Art: nicht nur im Sprechen, sondern auch ein regelmäßiger Rhythmus von Anrufen, von Kontaktnahmen. Zusagen machen – Wort halten, das ist die Devise.

Kinestetische Typen brauchen noch mehr Zeit; sie sind meistens gemütliche Zeitgenossen, manchmal brummig bis bärbeißig und immer empfindlich, wenn man sie unter Druck setzt. Sie wollen Strukturen erfassen, brauchen also etwas zum Greifen, Anschauungsmaterial, Produktmuster, nicht bloß Prospekte. Man muß ihnen die Informationen oft aus der Nase ziehen, wollen sich mit einer Sache oder einer Entscheidung wohl fühlen. Das Gefühl, das so ein Gespräch vermittelt, ist entscheidender als der konkrete Inhalt."

„Nichts gegen Sie persönlich, Frau Wollner", schränkte Sabine das Kommende gleich ein, „aber da muß ich mich ordentlich verstellen, wenn ich es allen drei Typen recht machen soll. Scheinbar bin ich doch nicht genug Körpermensch, daß ich diese Gefühlsduselei bei meinem Tempo gut aushielte!"

> **Überprüfen Sie Ihr Sprechtempo!**
> Nichts gegen ein individuell flottes Sprechtempo oder dessen Gegenteil. Aber überprüfen Sie sich genau: Sind Sie so schnell (oder langsam) aus Unsicherheit, oder weil es Ihrem Stil entspricht? Geschwindigkeit aus Unsicherheit wirkt gehetzt, als ob Sie Ihrem Telefonpartner davonlaufen wollten. Das spürt er und nützt es sicher aus. Langsamkeit aus Unsicherheit wirkt träge und orientierungslos; das überträgt sich auch durch die Leitung. Klären Sie also, welche Ursache Ihr Tempo hat.

„Das hat nichts mit Vergewaltigung zu tun, Sabine. Sie werden immer auf Leute stoßen, die Ihnen sympathischer sind und auf welche, die Sie nicht leiden können. Dagegen hilft keine Theorie der Welt. Mir geht es darum, daß Sie erstens manche Verhaltensweisen von Menschen nicht mehr als persönlich gegen Sie gerichtet interpretieren, sondern weil der andere eben so gestrickt ist, und daß Sie zweitens einem Ohrenmenschen nicht unbedingt Perspektiven aufzeigen, und einen Körpermenschen nicht fragen, wie sich Variation zwei im Vergleich zu Variation vier anhört."

96

Nehmen Sie Unangenehmes nicht persönlich!

Es ist wahrscheinlich, daß Ihre Gesprächspartner am Telefon Verhaltensweisen zeigen werden, die Sie ärgern, kränken oder mißbilligen. Es ist ebenso wahrscheinlich, daß diese Leute nicht Sie persönlich meinen. Die meisten sind so, weil sie so sind und nicht, um Sie auf die Palme zu bringen. Der alte Lateiner nervt seine Umwelt mit Tacitus-Zitaten, weil ihm das gefällt, nicht um Sie abzukanzeln. Eine unpünktliche Zielperson, der Sie seit drei Tagen hinterhertelefonieren, läuft nicht vor Ihnen davon, sondern weiß bei niemandem, wie spät es ist. Versuchen Sie, die unterschiedlichen Typen als Gesamtheit zu begreifen. Der Visuelle ist flink, weil es ihm gut tut, nicht, um Sie zu hetzen; etc. Damit sind viele Lanzen, die in der Gegend herumstehen, nicht mehr gegen Sie gerichtet, und Sie verletzen sich nicht mehr so leicht.

„So schlimm klingt das gar nicht", beschwichtigte Lukas, „man muß ja bloß das Richtige aus der Information, die man bekommt, heraushören und darauf ansprechen."

„Ja, ja, ich weiß: Mit Speck fängt man Mäuse! – Aber wie lockt man einen Ohrwaschlkaktus?" maulte Sabine.

„Einen – wen?" ermittelte Lukas.

„Na, so ein stacheliges Ohrenmonster, das auf jedem noch so kargen Boden gedeiht und scheinbar gar keiner Pflege bedarf", bewies Sabine ihre botanischen Kenntnisse.

„Scheinbar, Frau Kollegin. Sie wissen ja, wie ich mich kränke, wenn Sie mich nicht regelmäßig mit Aufmerksamkeit gießen! Aber jetzt weiß ich ja, daß Sie mir nicht am Zeug flicken wollen; Sie können als Blitzblickerin eben nicht anders", verteidigte sich Lukas.

„Sie haben recht, Herr Renner", unterstrich Angelika Wollner das Gesagte, „Ohrenmenschen wirken oft ein bißchen widerborstig. Doch sie brauchen Zuspruch; mäßig, aber regelmäßig! Blitzblicker hingegen fasziniert man mit Highlights; sie lieben den Augenblick!"

„Da sprach die Spürnase", kommentierte Sabine; ihr fiel es wirklich leicht, in Bildern zu sprechen. „Gibt es eigentlich Übersetzungsübungen, an denen man lernen kann, für die jeweilige Zielperson adäquat zu formulieren?"

„Es gibt ein klassisches Beispiel: Ein Immobilienmakler beschreibt seinen Kunden

DIE DREI HÄUSER

A Das Wohnhaus liegt an einer sehr ruhigen Straße. Die Einrichtung des Hauses spricht in ihrer Eleganz für sich. Hinter dem großen Garten beginnt direkt der Wald. Das Zwitschern der Vögel hören Sie bis auf die Terrasse. Es soll sogar eine Nachtigall in dem Wald wohnen. Ich war gestern Abend noch einmal auf dem Anwesen. Es ist wirklich ein Traum, wenn man in der Dämmerung spazieren geht und dem Flüstern des Waldes zuhört.

B Es handelt sich um ein pittoreskes Haus. Sie werden begeistert sein, wenn Sie es sich anschauen. Der helle Kiesweg, die bunten Weinreben am Giebel, die weiße Umzäunung. Alles sieht blendend aus. Die vielen Fenster sind sehr groß, so daß zu jeder Tageszeit Sonne in die Zimmer scheint. Und allein der große Garten. Da gibt es jeden Tag tausend Dinge zu sehen und zu entdecken.

C Das Haus ist sehr schwer am Telefon zu beschreiben. Sie müssen wirklich selbst hinfahren, genießen, wie der Kiesweg unter Ihren Schritten knirscht, und es auf sich wirken lassen. Die gediegene Konstruktion, die stabilen Fenster und Türen und die massiven Balken im großen Kaminzimmer; so wird heute gar nicht mehr gebaut. Dazu der große Garten mit dem alten Baumbestand. Das ganze Anwesen ist von einem soliden Zaun umgeben ...

Diese Variationen könnt Ihr an jedem beliebigen Beispiel üben!" ermunterte Fr. Wollner den eifrigen Telefonnachwuchs.

„Jedem das Seine – es ist ja wirklich keine Hexerei! Der Ohrwaschlkaktus begibt sich wieder in seine Telefonierwüste, meine Damen. Es war, wie immer, höchst instruktiv."

„Dann ist's wohl auch Zeit, daß Blitzblicker Kundenaugen zum Leuchten bringen. Mal sehen, was sich machen läßt."

Lukas Renner und Sabine Bach hatten jetzt fundierte Grundkenntnisse im Telefonieren, und das machte sich bemerkbar. Lukas reaktivierte eine stattliche Zahl ehemaliger Geschäftsverbindungen; Sabine freute sich, daß viele Neukunden kooperationsbereit waren. Etliche hatten die Fax-Kurzorder unterschrieben zurückgesandt. Beide verbreiteten eine professionell gute Stimmung, als Pfiff wieder hereinschneite.

„Seht mal her, Leute! Pfiff hat etwas für Euch", tat der Serviceman wichtig und präsentierte ein Blatt bedrucktes Papier:

DIE 10 GEBOTE DES TELEFONIERENS

Erstes Gebot:
Du sollst Dich voll und ganz auf das Telefonieren konzentrieren. Du sollst nichts anderes nebenher tun.

Zweites Gebot:
Du sollst einen organisierten Arbeitsplatz haben, an dem alles parat ist.

Drittes Gebot:
Du sollst das Telefon optimal nützen; bedenke: es ersetzt weder Besuche noch Briefe/Faxe – es unterstützt aber das Gelingen.

Viertes Gebot:
Du sollst den Zeitfaktor beachten. Exaktes Timing ist der halbe Erfolg.

Fünftes Gebot:
Du sollst jeden so anerkennen, wie er ist. Biete dem Augenmenschen Bilder, dem Ohrenmenschen Angebote, die gut klingen, und dem Körpermenschen griffige Unterlagen.

Sechstes Gebot:
Du sollst aktiv zuhören.

Siebtes Gebot:
Du sollst die Erwartungen der Anrufer erfüllen, ankommende Gespräche professionell bedienen, Irrläufer auffangen und versorgen.

Achtes Gebot:
Du sollst stets lächeln, freundlich und verbindlich sein.

Neuntes Gebot:
Du sollst viele gesprächsfördernde Fragen stellen.

Zehntes Gebot:
Du sollst klar, deutlich und in kurzen Sätzen sprechen.

„Hey, Pfiffikus!" freute sich Lukas, „hast Du für uns den Kirchenschatz der Telefongurus geplündert?"

„Na, klar! Ich weiß doch, daß Ihr die heilige Kuh der Telekommunikation anbetet."

„Hat sich aber gelohnt, Pfiff. Kommen Sie, wollen Sie mit uns die Gebote nochmal durchgehen? Theoretisch müßten wir ja alles wissen", war Sabine von ihrem Können überzeugt.

„Auf alle Fälle", philosophierte Lukas, „sind es Gebote aus einer römisch-katholischen Telefonkirche; denn uns Protestanten hätte ein Kommunikations-Luther zu jedem Gebot eine ‚Was ist das'-Erklärung geliefert."

„Keine Sorge, die machen wir uns selbst", entschied Ernst Pfeiffer.

Also: Überlegen Sie bitte und machen Sie sich Notizen zu den einzelnen Geboten.

ERSTES GEBOT:
Du sollst Dich voll und ganz auf das Telefonieren konzentrieren. Du sollst nichts anderes nebenher tun.

WAS IST DAS?

ZWEITES GEBOT:
Du sollst einen organisierten Arbeitsplatz haben, an dem alles parat ist.

WAS IST DAS?

_____
_____
_____
_____
_____
_____
_____
_____

DRITTES GEBOT:
Du sollst das Telefon optimal nützen; bedenke: es ersetzt weder Besuche noch Briefe/Faxe – es unterstützt aber das Gelingen.

WAS IST DAS?

_____
_____
_____
_____
_____
_____
_____
_____

VIERTES GEBOT:
Du sollst den Zeitfaktor beachten. Exaktes Timing ist der halbe Erfolg.

WAS IST DAS?

_____
_____

FÜNFTES GEBOT:
Du sollst jeden so anerkennen, wie er ist, und in seinem Stil mit ihm sprechen.

WAS IST DAS?

SECHSTES GEBOT:
Du sollst aktiv zuhören.

WAS IST DAS?

SIEBTES GEBOT:
Du sollst die Erwartungen der Anrufer erfüllen, ankommende Gespräche professionell bedienen, Irrläufer auffangen und versorgen.

WAS IST DAS?

ACHTES GEBOT:
Du sollst stets lächeln, freundlich und verbindlich sein.

WAS IST DAS?

NEUNTES GEBOT:
Du sollst viele gesprächsfördernde Fragen stellen.

WAS IST DAS?

ZEHNTES GEBOT:
Du sollst klar, deutlich und in kurzen Sätzen sprechen.

WAS IST DAS?

ERSTES GEBOT:
Du sollst Dich voll und ganz auf das Telefonieren konzentrieren.
Du sollst nichts anderes nebenher tun.
Was ist das?
Du sollst beim Telefonieren nur telefonieren und nichts anderes tun. Du sollst alle Störquellen, so gut du kannst, ausschalten, nebenher nicht essen, trinken, Bonbon lutschen; du sollst auch nicht Journale durchblättern oder die Tagespost lesen. Verhalte dich, als säße dein Gesprächspartner dir gegenüber.

ZWEITES GEBOT:
Du sollst einen organisierten Arbeitsplatz haben, an dem alles parat ist.
Was ist das?
Du sollst dich auf jedes Telefonat vorbereiten, dir deine Unterlagen zurecht legen, dir dein Memo ins Gedächtnis rufen und deine „sieben" Sachen auf dem Schreibtisch zur Hand haben. Überlege dir vorher, was auf dich zukommen kann und richte dich darauf ein.

DRITTES GEBOT:
Du sollst das Telefon optimal nützen; bedenke: es ersetzt weder Besuche noch Briefe/Faxe – es unterstützt aber das Gelingen.
Was ist das?
Das Telefon ist eine von vielen Möglichkeiten, mit anderen Menschen in Kontakt zu treten. Es ist schnell, persönlich und direkt. Aber es ersetzt keinen Besuch, wenn dieser ökonomisch gerechtfertigt ist, und es ersetzt auch keine schriftlichen Unterlagen, um detailreiche Informationen zu übermitteln.

VIERTES GEBOT:
Du sollst den Zeitfaktor beachten. Exaktes Timing ist der halbe Erfolg.
Was ist das?
Es gibt für jeden Anruf einen richtigen Zeitpunkt.
Triff mit deinen Gesprächspartnern Terminvereinbarungen und halte dich daran. Überlege, welche Gewohnheiten dein Gesprächspartner hat und respektiere sie. Lerne deinen eigenen Rhythmus kennen und berücksichtige ihn, so gut es geht.

FÜNFTES GEBOT:
Du sollst jeden so anerkennen, wie er ist und in seinem Stil mit ihm sprechen.
Was ist das?
Es gibt drei Repräsentationssysteme: Visuelles, auditives und kinestetisches. Jeder Mensch hat eine spezielle Vorliebe, die seinen Gesprächsstil prägt. Biete dem Augenmenschen glasklare Vorteile, dem Ohrenmenschen Angebote, die gut klingen und dem Körpermenschen griffige Unterlagen. Versuche, so gut du kannst, auf die Sprache deines Gegenübers einzugehen und passe dich dem Stil deines Gesprächspartners an, seiner Sprechgeschwindigkeit und seinem Rhythmus.

SECHSTES GEBOT:
Du sollst aktiv zuhören.
Was ist das?
Du sollst dir die Techniken des aktiven Zuhörens aneignen und sie einsetzen. Du sollst dem Telefonpartner stets das Gefühl geben, daß er wichtig ist. Du sollst dabei selbst möglichst wenig sprechen und den anderen nie unterbrechen.

SIEBTES GEBOT:
Du sollst die Erwartungen der Anrufer erfüllen, ankommende Gespräche professionell bedienen, Irrläufer auffangen und versorgen.
Was ist das?
Ein Anrufer erwartet: Daß ihm genau zugehört wird, eine rasche und richtige Verbindung, freundliche und korrekte Behandlung, zufriedenstellende Antworten und eine prompte Erledigung seines Anliegens. Lasse deshalb kein Telefon öfter als dreimal läuten, notiere die Wünsche des Anrufers, sage ihm, was du tun kannst und tun wirst, damit auch er weiß, was er zu erwarten hat.

ACHTES GEBOT:
Du sollst stets lächeln, freundlich und verbindlich sein.
Was ist das?
Auch wenn dein Gesprächspartner dich nicht sieht:
Deine Stimme transportiert mehr als nur Worte. Du kannst alle positiven und negativen Stimmungen mit der Stimme, dem Tonfall und der Sprachmelodie vermitteln. Laß deinen Gesprächspart-

ner hören, daß er dir willkommen ist, und daß du ihn für die Dauer das Gesprächs gern magst.

NEUNTES GEBOT:
Du sollst viele gesprächsfördernde Fragen stellen.
Was ist das?
Pflanze den APfeLBAum der Fragen, und du wirst reiche Ernte haben. Fragen holen nicht nur wichtige Informationen ein, sie erhöhen auch den Gesprächsanteil des Partners. Jeder Mensch hört sich gern reden und fühlt sich geschmeichelt, wenn man ihn um seine Meinung oder andere Beiträge bittet.

ZEHNTES GEBOT:
Du sollst klar, deutlich und in kurzen Sätzen sprechen.
Was ist das?
Du sollst so sprechen, daß du auch verstanden wirst.
Das heißt: artikuliere deutlich, benütze dabei alle Sprechwerkzeuge, von den Lippen über die Zunge bis zur Kiefermuskulatur. Atme dabei ruhig und tief, damit deine Stimme Klangvolumen hat. Betone Wichtiges, unterstreiche durch geschickt eingesetzte Wiederholung. Und steuere das Gespräch durch die Tonhöhe: am Satzende mit der Stimme hinauf = Animation zum Weitersprechen; hinunter = stoppt Vielredner.

„Das hört sich ja an wie die perfekte Anleitung zur Selbstverleugnung! Wie lang hält man denn so etwas durch?" schüttelte sich Pfiff vor Abneigung.

> **Kein Gebot ohne Übertretung!**
> Es steht Ihnen selbstverständlich frei, Hinweise zu beachten, Regeln einzuhalten oder das Gegenteil davon zu tun. Alle Normen orientieren sich an der Norm, das heißt, an der Mehrheit. Das beinhaltet, daß es keine Regel ohne Ausnahme gibt; die Minderheit wird durch Normalverhalten schlecht bedient. Ob im gegenständlichen Fall eine Regel für Sie brauchbar ist, oder ob Sie mit dem Gegenteil glücklicher sind, werden Sie selbst entscheiden. Sie müssen jedoch wissen, wie lange Sie sich in der Bandbreite des Üblichen befinden – und ab wann Sie, bewußt, Extratouren reiten, mit denen Sie eventuell auch, kalkuliert, Schiffbruch erleiden.

„Da haben Sie jetzt aber etwas gründlich mißverstanden, lieber Herr Pfeiffer!" belehrte ihn Sabine. „Kein Mensch wird verbogen oder gegen den Strich gebürstet, geschweige denn angewiesen, sich selbst zu verleugnen. Das hätte auch gar keinen Sinn, denn da wären wir ja noch schlechter als ohne jegliche Ausbildung! Das Geheimnis ist, daß man sich eben nicht selbst verleugnet, und durch die Gebote das Ziel definiert, das es zu erreichen gilt. Den Weg dorthin muß dann jeder für sich selbst suchen. Dabei verleugnet man sich ja nicht, sondern man sucht den größten gemeinsamen Nenner zwischen den eigenen Fähigkeiten und der maximalen Umsetzung. Was glauben Sie, wie oft es mir passiert, daß ich in meinem gewohnt flotten Sprechtempo mein Anliegen vorgetragen habe, bis mein Gepsrächspartner gemeint hat: ‚Langsam, langsam! Man verhaspelt sich ja beim Zuhören!' Dann hab' ich halt nochmal von vorn begonnen – und beide hatten irgendwie ein Mißerfolgserlebnis. Ich hab' mich gefühlt wie ein Volksschulkind, das seine Hausaufgabe noch einmal schreiben muß, und der andere hatte den Eindruck, zu dumm zu sein, beim ersten Mal alles mitzubekommen. Das ist ein denkbar unglücklicher Gesprächsbeginn. Jetzt spreche ich immer noch nicht schleppend, und in meinen Atempausen kann man auch immer noch keine Musikeinlagen zur Zerstreuung spielen, aber immerhin weiß ich, einen Gang zurückzuschalten. Oder nicht so viel auf einmal loszuwerden. Oder genauer hinzuhören, wer es schneller verträgt und wer längst ausgestiegen ist. Wenn man eine Fremdsprache lernt, verleugnet man damit ja auch nicht seine Muttersprache, sondern man verwendet sie parallel und abhängig von der Situation. Der profimäßige Umgang mit dem Telefon ist auch so eine Art Fremdsprache. Man erweitert sein Repertoire – ist das Selbstverleugnung?"

„Ihr habt ja ehrlich 'was auf dem Kasten!" gratulierte Pfiff, „Euch hat man nicht umsonst hierher gesetzt. Ich weiß aber noch etwas, das Ihr noch nicht erwähnt habt!"

„Das hätte mich auch gewundert, Herr Pfiffikus! Wir pauken uns die Schwarte voll, und der Pfeiffer setzt trotzdem noch einen drauf!"

„Ich kann's ja auch für mich behalten. Zu seinem Glück gezwungen wird hier niemand!" schmollte Ernst Pfeiffer und stapfte mechanisch zur Tür. „Nu' nimm mich doch nicht so ernst, du

Pfeife", entschuldigte sich Lukas nicht gerade kultiviert. Und Sabine rettete wieder einmal die Situation: „Pfiff, Sie sind der Tupfen auf dem ‚i'; ohne Sie hätten wir uns manche Schramme geholt!"

„Und deshalb hab' ich ja auch noch ein Pflaster für Euch: Wißt Ihr, wie man zentrale Aussagen besonders nachdrücklich präsentiert?"

„Hmm ... Indem man speziell darauf hinweist und das Ganze mit der Stimme unterstreicht", mutmaßte Lukas.

„Eben nicht!!! Genau das Gegenteil müßt Ihr machen! Sagt es bewußt beiläufig. So nach dem Motto: ‚Ich sage jetzt etwas, das können Sie gleich wieder vergessen.' Das ist die beste Garantie, daß es nicht vergessen wird, Ihr müßt nur sparsam damit umgehen, sonst fällt es auf."

98 Sagen Sie Wichtiges nebenbei!

Ihre Kunden sind als moderne Menschen darauf trainiert, daß die (Werbe-)Botschaft mit dem Holzhammer eingehämmert werden soll – dementsprechend hat jeder von uns nicht nur eine dicke Hornhaut in den Ohren, sondern auch ein inneres Filter gegen deutlich erkennbare Sales-Impulse. Präsentieren Sie Ihre Schlüsselbegriffe möglichst nebenbei. Und wenn Sie eine Information fest im Bewußtsein Ihres Zuhörers verankern wollen, weisen Sie darauf hin, daß er das nun folgende getrost gleich wieder vergessen kann; er wird umso neugieriger lauschen!

„Pfiff, wo haben Sie bloß diese Untergriffe her?" wunderte sich Sabine sehr durchsichtig entrüstet.

„Gut geklaut ist auch erworben!" zog sich Pfiff aus der Affäre. Quellenangaben waren seine Sache nicht.

„Soweit-sogut, Pfiffikus, aber wir müssen zum Chef. Er hat uns zum Wochen-End-Rapport beordert", komplimentierte Lukas den Ratgeber zur Tür hinaus. „Gebeten!" korrigierte Sabine pikiert, „Sie haben wohl noch keine Order erlebt?"

99 Dosieren Sie Informationen!

Wer nur zuhört und keine schriftlichen Unterlagen hat, kann höchstens drei Informationen behalten. Präsentieren Sie also nicht gleich alle guten Eigenschaften Ihres Angebots auf einmal

> – Sie werden untergehen, und Sie haben unnötig Pulver verschossen. Heben Sie sich Markantes für später auf. Laden Sie erst nach einigen Augenblicken nach. Produktinformationen wirken schnell inflationär.

Die beiden wanderten über den Gang, hinüber ins Besprechungszimmer, Herr Dr. Weissenstein kam im selben Moment aus der Gegenrichtung. „Wenn Sie alle Terminvereinbarungen so einhalten wie diese, brauche ich mich ja nicht zu wundern, daß wir bereits positive Rückmeldungen aus Kundenkreisen haben. Ihr beiden seid sehr angenehm aufgefallen, mein Kompliment!" Der Verkaufsdirektor schüttelte den zwei neuen Stützen aus der Telemarketing-Abteilung herzlich die Hand und freute sich über die Entwicklungen der vergangenen Tage. „So außergewöhnlich habe ich unser Tun gar nicht empfunden?" stutzte Lukas und Sabine ergänzte: „Wir haben doch bloß getan, was uns gesagt worden ist." Dr. Weissenstein wurde konkreter: „Erstens ist es nicht an der Tagesordnung, daß Menschen ausführen, was man ihnen nahe legt. Zweitens kann man es geschickt oder ungeschickt anfangen. Drittens habt Ihr in den vergangenen Tagen das kleine Einmaleins des Telefonierens gelernt, und das ist eine nicht zu unterschätzende Lektion, weil es nicht ausreicht, zu wissen, man muß es auch anwenden. Und viertens ist es mir wichtig, Euch immer wieder ins Gedächtnis zu rufen, daß Ihr eine gehörige Lernleistung erbracht habt. Die ganze Firma hat sich bemüht, Euch Handwerkszeuge zur Verfügung zu stellen, die das Leben leichter machen. Viele davon sehen unscheinbar aus oder wirken althergebracht; es kommt aber auf die Kombination an, auf die Wechselwirkungen, die zwischen den Methoden entstehen. Zum Beispiel: Die richtigen Fragen stellen UND typgerecht formulieren. Je einfacher Techniken erscheinen, desto höher ist die Wahrscheinlichkeit, daß sich niemand vor ihnen schreckt – und desto höher ist auch die Wahrscheinlichkeit, daß sie gering geschätzt werden."

„Gibt es eigentlich eine alles umfassende Theorie, die diesen Prozeß am Telefon beschreibt? Ein Modell, das erklärt, wie man Bilder und Gefühle in Hörbares umgießt und am anderen Ende der Leitung aus Worten wieder Bilder und Gefühle werden läßt?" kam Lukas ins Fachsimpeln.

„Herr Renner, wir sind hier nicht auf der Universität, und wissenschaftliche Konstrukte bringen uns nicht viel weiter. Es ist mehr ein Credo als ein Dogma, was ich Ihnen vorstellen möchte", antwortete Dr. Weissenstein.

„Es tut mir leid", warf Sabine ein, „aber ich habe jetzt kein Wort verstanden. Credo? Dogma? Vorhin brachte Pfiff, also Herr Pfeiffer, uns die 10 Gebote des Telefonierens – soll ich womöglich noch Kirchenlatein lernen?"

„Oh, Frau Bach, da sind wir auf Abwege geraten. Danke, daß Sie uns zurückgeholt haben. Nein, weder Kirche, noch Latein – ich meinte vielmehr, daß ich mir im Laufe der Jahre natürlich Richtlinien zurechtgelegt habe, mit denen ich versuche, die Prozesse, die uns täglich beschäftigen, zu beschreiben. Aber das will eben nicht Theorie sein, sondern ein von der Praxis abgelesenes Modell."

„Gibt es das also doch! Das Ei des Telefon-Kolumbus?" begeisterte sich Lukas.

„Ich heiße Weissenstein, nicht Weisenstein! Den Stein der Weisen hab' ich auch nicht gefunden, meine Lieben", lenkte der Verkaufsmann ab. „Ich habe mich lediglich darum bemüht, eine Versinnbildlichung dessen zu finden, was ich mir im Laufe meiner Erfahrungen erarbeitet habe. Aber damit ich Euch das nicht hübsch dekoriert auf dem Silbertablett serviere, laßt mich das Pferd anders herum aufzäumen: Ihr habt jetzt alles Wichtige bezüglich erfolgreichen Telefonierens kennengelernt. Was erscheint Euch essentiell?"

„Wie meinen Sie das?" hinterfragte Lukas, so wie er es gelernt hatte.

„So, wie ich es gesagt habe", machte er mit Dr. Weissenstein in der Rolle des Unkooperativen Bekanntschaft. „Ich habe ja eine ganz eindeutige Frage gestellt: Was ist das Wichtigste, das es beim Telefonieren zu beachten gilt?"

„Der Mensch, mit dem man zu tun hat", verkündete Sabine apodiktisch.

„Also jetzt, nach all dem, was ich in der letzten Woche gelernt habe, mag das ketzerisch klingen; aber für mich waren die ersten Stunden, in denen ich mich mit unseren Produkten, der Branche und den Tätigkeitsfeldern unserer Kunden auseinandersetzte, die entscheidenden", relativierte Lukas Sabines Ansicht.

„Was nützt dir deine ganze Sachkenntnis, wenn du mit den Leuten nicht reden kannst? Du hast doch jeden Tag aufs neue bewiesen, wie du haarscharf daneben haust – mit deinem Zeitungswissen. Es gibt auch Menschen ohne Wirtschaftsstudium, die telefonieren können", pfauchte Sabine.

„Darf ich Sie auch duzen, wenn ich dir beweise, daß du weit neben der Wahrheit liegst?" war Lukas zunächst verunsichert; dann konnte er aber das Urteil nicht mehr abwarten. „Was hält denn ein Gesprächspartner von mir, von der Firma, wenn ich zwar geschickt plaudern kann, klug frage – nur nicht weiß, wonach; perfekt den Typ erkenne, dann aber das Wetter diskutiere – in griffig tönenden Bildern; was hält dann ein Gesprächspartner von einer Firma, die sich smarte Quatschköpfe hinsetzt, die vom Tuten und Blasen keine Ahnung haben?"

> **Der Gesprächspartner bestimmt den Gesprächsstil!**
> Unterschiedliche Kommunikationstypen haben unterschiedliche Bedürfnisse. Und dieselben Menschen haben in verschiedenen Situationen verschiedene Bedürfnisse. Lassen Sie sich vom Gesprächspartner leiten. Hat er es eilig? Drängt er auf Tempo? Ist ihm gerade danach, ein paar Trivialitäten auszutauschen? Bleiben Sie stets freundlich und verbindlich, aber orientieren Sie sich an der aktuellen Situation. Ihr netter Plauderton vom letzten Mal kann heute als Dampfplauderei fehl am Platze sein; Ihr präziser Drive vom letzten Mal wirkt heute wie Peitschengeknalle. Stellen Sie sich darauf ein, ob für den Gesprächspartner gerade personen- oder sachspezifische Aspekte im Vordergrund stehen!

„Soll ich Eurem Dialog entnehmen, daß Sie, Herr Renner, Sachkenntnis als das Wichtigste erachten, während Sie, Frau Bach, den Schwerpunkt in der Personenorientierung sehen?" faßte Dr. Weissenstein mit fragendem Unterton zusammen.

„Ja!" zeigten beide schönste Einigkeit.

„Und interpretiere ich das richtig: Ihr haltet es für einen Widerspruch in sich. Man kann entweder sachorientiert sein, oder personenorientiert?" vergewisserte er sich.

„Ja!" zeigten beide wieder schönste Einigkeit.

„Etwas abstrakter ausgedrückt: Ein Telefonprofi ist entweder deshalb gut, weil er total sachorientiert ist, oder, wenn man der anderen Meinung anhängt, weil er völlig personenbezogen ist. Die beiden Methoden schließen einander aus. So wie kalt und warm."

„Ja!" zeigten beide erneut schönste Einigkeit.

„Wenn es sich also ähnlich dem Heiß-Kalt-Phänomen verhält, müßten wir auch in einem Thermometer ein geeignetes Symbol haben. Irgendwo ist ein Nullpunkt, auf der blauen Seite finden wir – sagen wir – die Sachorientierung, und auf der roten Seite die Personenorientierung. Je besser jemand ist, desto weiter wäre er vom Nullpunkt entfernt. Die beiden Qualitäten schließen einander aus. Und die Kümmerlinge, die weder so noch so ausgerichtet sind – oder von allem ein wenig – die wären lau, rund um den Nullpunkt."

„Ja!" zeigten beide noch einmal schönste Einigkeit.

„Die Realität, Ihr Extremisten, schaut, Gott sei Dank, etwas facettenreicher aus!"

„Ja?!" blieben die beiden bei ihrem geistreichen Kommentar.

„Stellt Euch vor, Ihr macht einen Knick in den Thermometerstab; genau am Nullpunkt. Und Ihr biegt einen rechten Winkel, dessen ein Schenkel den warmen Bereich und dessen anderer Schenkel den kalten Bereich darstellt. Plötzlich könnte man auf der einen Seite Kälte und gleichzeitig auf der anderen Seite Wärme messen. Oder anders ausgedrückt: Macht aus der Sach- bzw. Personenorientierung kein eindimensionales Merkmal, sondern baut daraus ein Koordinatensystem!"

„Also: Nicht entweder sach- oder personenorientiert, sondern sowohl – als auch?" war Lukas skeptisch.

„Das ist die Realität! Eins ohne das andere hat noch keinen weit gebracht. Keiner von Euch beiden ist nur eine der beiden Schienen gefahren, auch wenn er dann sehr einseitig argumentiert hat."

„Das ist wahr. Meine Produktkenntnis habe ich ja schon aus meiner alten Position mitgebracht. Hätte ich sie nicht gehabt, hätte ich ja nie die Chance bekommen, ins Marketing zu wechseln", räumte Sabine ein. „Wie haben wir uns dieses ‚sowohl – als auch' vorzustellen?"

„Denkt Euch ein Koordinatensystem. Auf der X-Achse tragen wir die Sachorientierung eines Menschen auf. Nehmen wir jetzt einfach einmal an, die ließe sich wie mit einem Metermaß messen. Der niedrigste Wert auf der X-Achse, ganz links, wäre Null, und der höchste denkbare Wert wäre Zehn. Genau so machen wir es auf der Y-Achse. Hier tragen wir die Personenorientierung ein. Auch hier wäre der niedrigste Wert Null, ganz unten, und der höchste, an der Spitze, Zehn. Daraus ergibt sich ein theoretischer Raster mit zehn mal zehn, also hundert Schnittpunkten. Je nachdem welchen Wert ein Mensch auf der X-Achse und auf der Y-Achse erhält, symbolisiert der Schnittpunkt der beiden Werte seine Position im Telefonierfeld."

„Demnach müßte es hundert verschiedene Telefonier-Typen geben, je nachdem, wie Personen- und Sachorientierung zusammenwirken", rechnete Lukas nach.

„Im Prinzip: Ja. Doch alle hundert Arten lassen sich mit freiem Auge nicht erkennen. Aber es gibt fünf Grundtypen, die kann man schon unterscheiden."

„Nur fünf?" zweifelte Sabine.

„Und die werden Ihnen noch zu viele sein, Frau Bach", prophezeite Dr. Weissenstein. „Gehen wir einmal zu jener Region des Feldes, das durch niedrige Werte auf beiden Dimensionen gekennzeichnet wird. Also die Punkte, die sehr nahe am Nullpunkt liegen. Wodurch zeichnen sich diese Menschen aus?"

„Durch niedrige Sachorientierung und niedrige Personenorientierung", schätzte Lukas.

„Die müßten dann rechte Muffel sein!" vermutete Sabine.

„Mitunter sind sie das. Manchmal sind es auch nur arme Menschen, denen niemand gesagt hat, wo's lang geht, die ihre schlechten Erfahrungen in Frust verwandelt haben, und die in ihrem Aufgabenbereich überfordert und daher fehl am Platze sind. Solche Miesepeter sind selten so, weil sie von Natur aus mürrisch und desinteressiert sind, sondern weil sie am Ende einer verhängnisvollen Kette von schlechten Erfahrungen stehen. Allerdings ist das Telefon kaum ein Platz, schnell günstigere Erlebnisse zu haben. Solchen Leuten ist anzuraten, vorerst etwas anderes zu tun."

„Was können die dann tun?" interessierte sich Sabine.

„Es gibt viele andere Möglichkeiten, befriedigende Arbeitsfelder für diese Menschen zu finden. Außerdem handelt es sich ja nur um eine Situationsbeschreibung. In einiger Zeit kann alles ganz anders aussehen. Menschen verändern sich – das darf man nie vergessen!"

„Ich weiß. Ich behandle sie manchmal wie zerbrochene Teetassen, die immer kaputt bleiben." „Nein, Herr Renner", protestierte Dr. Weissenstein„ die meisten Brüche heilen vollständig aus – man braucht nur beste medizinische Versorgung und vielleicht ein paar Rehabilitationsmaßnahmen. Aber das quält uns derzeit nicht vordergründig. Wie stellen Sie sich jene Leute vor, die sich auf der X-Achse ganz rechts außen befinden?"

„Die müßten fachlich total kompetent sein, richtige humorlose Experten ohne Sinn für menschliche Schwächen. Ich stell' sie mir am glücklichsten vor als Vorsitzende einer Produktionshalle mit lauter Robotern – computergesteuert und fehlerfrei", dachte Lukas laut nach.

„Echte Technokraten", spöttelte Sabine.

„Unterschätzt mir diese Spezies nicht, in manchen Sparten sind sie unentbehrlich. Doch im Alltag am Telefon schaden sie mehr als sie nützen. Wie sehen denn die Bewohner der gegenüberliegenden Ecke aus: Jene, die auf der Y-Achse ganz oben angesiedelt sind, aber kaum Punkte auf der X-Achse verzeichnen?"

„Die sind von der Heilsarmee", entschied Sabine. „Die haben zwar voll den Menschen und seine Wehwehchen im Auge, aber vergessen, daß sie nebenbei auch noch Geld verdienen sollten. So eine hohe Personenorientierung ist ja sehr erfrischend, aber nur nett plaudern ist im Geschäftsleben für die meisten doch uninteressant."

„Dem ist in seiner Präzision nichts hinzuzufügen", bestätigte Dr. Weissenstein. „Für beide, die Technokraten wie die Heilsarmee, gilt jedoch, daß sie sich natürlich weiterentwickeln können. Es kann jemand, der sein fachliches Know-how aus dem Effeff beherrscht, sich zusätzlich um eine stärkere Personenorientierung bemühen, und es kann ein stark Personenorientierter einsehen, daß seine Firma zusperren wird, wenn er sich weiterhin nur um die Eheprobleme der Kunden kümmert und nicht um den Umsatz. Wie stellt Ihr Euch jene Mitarbeiter am Telefon vor, die auf beiden Achsen mittlere Werte erzielen?"

„Irgendwie wie Beamte, die Dienst nach Vorschrift absolvieren", überlegte Sabine. „Was verstehen Sie unter Beamten, die Dienst nach Vorschrift machen? Das klingt so nach Bummelstreik?!" wandte Lukas ein. „Nein, nein, das mein' ich nicht!" wehrte Sabine ab. „Ich denke an biedere Gemüter, die einerseits mechanisch-freundlich, also durchaus umgänglich, ihren Telefondienst tun, aber ohne Biß. Sie machen nicht einen Deut mehr als notwendig. Weder auf der Ebene der Personenorientierung noch der Sachorientierung. Das heißt, sie beantworten z.B. die Frage nach einem bestimmten Produkt höflich und korrekt mit ‚tut mir leid, das haben wir nicht.' Ohne zu hinterfragen, wann und wozu der Kunde das braucht. Vielleicht fällt der Bedarf ja erst in eine Zeit, zu der das Produkt schon wieder verfügar sein wird. Oder er hätte sogar eine bessere Alternative anzubieten. Oder man kommt bei dieser Gelegenheit ins Gespräch und weckt einen anderen Bedarf, den man auch gleich befriedigt. Aber der brave Beamte tut nicht mehr und nicht weniger als er muß."

„Bedenken Sie bitte", mahnte Dr. Weissenstein, „daß großer Eifer nicht immer anerkannt wird. Weder von neidischen Kollegen noch von bequemen Vorgesetzten. Es kann also durchaus eine sinnvolle Überlebensstrategie sein, sich auf die eben beschriebene Weise zu verhalten. Man gewinnt damit zwar kein Rennen, aber man wird auch nicht disqualifiziert. Unterschätzt mir also diese Kategorie nicht, ohne sie wären wir erschossen, denn sie sind verläßliche Mitarbeiter! Ich sehe es vielmehr so, daß sie ihr Potential noch nicht ganz ausgeschöpft haben. Doch es ist die Entscheidung jedes einzelnen, dies zu tun oder zu unterlassen."

„Als persönliche Entwicklungsperspektive habe ich das noch nie gesehen", sinnierte Lukas. „Das hieße ja, daß alle wirklich guten Leute sich nur anders als die anderen entschieden hätten?"

„Zum Großteil, ja. Natürlich kommen noch andere Rahmenbedingungen hinzu. Andererseits läßt diese Sichtweise jedem immer den Weg offen, sich neuerlich zu entscheiden und an der Wegekreuzung eine andere Richtung einzuschlagen."

„Das klingt tröstlich", strahlte Sabine. „So kann man vom Holzweg doch immer wieder abbiegen!"

„Wie müssen wir uns nun die Typen vorstellen, die in beiden Dimensionen top sind: Voll personenorientiert und dabei noch total sachbezogen?" trieb Lukas das Gespräch voran.

„Komisch, von diesen Tausendsassas hab' ich die blasseste Vorstellung", orakelte Sabine. „Dieses Gleichzeitige macht mir so zu schaffen. Als ob ich zugleich segeln und skifahren sollte!"

„Windsurfen, werte Kollegin!" lächelte Dr. Weissenstein schelmisch. „Ich will versuchen, es Euch anders herum zu erklären. Wir haben zwei Augen, zwei Ohren, zwei Hände – jedes Auge sieht etwas ganz anderes, und im Gehirn wird ein Gesamteindruck gemischt, den wir als räumliches Sehen erleben. Jedes der beiden Ohren hört etwas anderes, und das Gehirn mischt uns einen Stereoeindruck, der es uns sogar ermöglicht, Geräuschquellen im Raum zu lokalisieren. Wir haben zwei Hände, und wenn sie Unterschiedliches tasten, dann konstruiert unser Hirn daraus eine Form. Nehmt nun diese beiden Dimensionen – Personenorientierung und Sachorientierung – ruhig gesondert wahr und mischt Euch – wenn Ihr so wollt – ein plastisches Telefoniermodell. Es geht ja um nichts anderes als darum, unseren Umgang miteinander am Telefon genau so facettenreich zu begreifen wie unsere sonstigen Wahrnehmungen. Telefonprofis sehen die Notwendigkeit, die menschlichen Bedürfnisse zu befriedigen UND gleichzeitig im (anderen) Auge zu behalten, daß die eigene Firma Erfordernisse, die es zu berücksichtigen gilt, anmeldet. So müssen diese Erwartungen koordiniert werden, je nachdem, wo gerade mehr Bedarf besteht. Ein Kunde benötigt eben mehr Zuwendung, bei einem anderen ist es erforderlich, unmißverständlich auf die Einhaltung der Lieferbedingungen hinzuweisen bzw. diese durchzudrücken. Telefonprofis sind wirkliche Kommunikatoren: Sie haben inhaltlich-fachlich etwas zu sagen, glauben daran und bringen das auch noch via Telefon an den Adressaten!"

101

Passen Sie Vorschläge an Ihre Bedürfnisse an!

Sie haben in diesem Buch und wahrscheinlich auch von anderen Leuten viele Hinweise bekommen, wie Sie am Telefon erfolgreich kommunizieren können. Die meisten Ratschläge resultieren aus Erfahrungen, die im Laufe der Praxis von Profis gewonnen worden sind. So verschieden wie die Menschen selbst, so unterschiedlich sind die Empfehlungen. Würstchen ißt man im allgemeinen mit Senf; ob Sie sie so mögen, lieber ohne oder mit Ketchup, ist Ihre Entscheidung. Um diese treffen zu können, müssen Sie das Gebräuchliche jedoch kennen. Passen Sie die Vorschläge auf Ihre Bedürfnisse an; schleifen Sie hinderliche Kanten und Ecken ab; entwickeln Sie Ihren eigenen Stil – unter Beachtung des Erprobten!

„Die Telefonprofis sind demnach jene Menschen, die sehr flexibel auf eine Situation eingehen können und jeweils die Verhaltensweise anwenden, die gerade angebracht ist?" vergewisserte sich Sabine.

„So kann man es sagen, Frau Bach. Das ist die Quintessenz!"

„Sabine!" Lukas sprang auf und umarmte seine Kollegin, „das sind ja wir!"

ÜBUNG:
Bitte formulieren Sie folgenden Text für die beiden anderen Repräsentationssysteme:

Text 1: Beschreibung eines Autos
Dem Designerteam ist es gelungen, ein innovatives Raumkonzept in schwungvolle Linien umzusetzen. Der Stil des Wagens wird auch noch durch leuchtende Farben unterstrichen: die Standardlackierungen sind ein Mohnrot, Tintenblau und Almgrün; besonders brilliant wirken die Nuancen natürlich in der Metallicversion. Sie werden sehen, daß dieses Auto eine Revolution der Fahrzeuggeschichte darstellt: Flink, wendig, dynamisch.

ÜBUNG:
Bitte formulieren Sie folgenden Text für die beiden anderen Repräsentationssysteme:

Text 2: Beschreibung einer Finanzdienstleistung
Für unser Angebot spricht sowohl das ruhige Management als auch der regelmäßige Rhythmus der Ausschüttungen. Sie können sich umhören, wir haben nur Kunden, die uns in den höchsten Tönen loben. Das Instrumentarium ist stimmig und daher verstehen Sie auch gleich, was der Tenor ist. Sie investieren in klingende Namen und stillere Wässer, so daß das Risiko ausgesprochen gering ist.

ÜBUNG:
Bitte formulieren Sie folgenden Text für die beiden anderen Repräsentationssysteme:

Text 3: Beschreibung eines Zeitungsabonnements
Regelmäßige Information ist eine Komponente der Sicherheit: Man weiß gleich, was gespielt wird. Das ausgefeilte Konzept ermöglicht einen umfassenden Querschnitt durch das Weltgeschehen und verhilft Ihnen zu einer fundierten Meinungsbildung. Die Vorteile des Abos liegen auf der Hand: Bequeme Lieferung ins Haus, Preisabschlag und – natürlich – unser Sonderservice für Abonnenten.

HINWEISE ZU DEN ÜBUNGEN:

Text 1: Zielgruppe Augenmenschen
Textvorschlag – Zielgruppe Körpermenschen:
Es ist ein kompakter Wagen, bei dem Sicherheit und Ökonomie vereint wurden. Obwohl das Fahrzeug als Citysprinter gedacht ist, kann man voluminöse Sportausrüstungen ebenso problemlos verstauen wie den Wochenendeinkauf oder zwei Kleinkinder mit Zubehör. Die Kleinen können geborgen und dennoch komfortabel auf der Hinterbank untergebracht werden. Hochwertige Kunststoffe machen das Auto pflegeleicht, ein Baukastensystem ermöglicht praktische Anpassungen an persönliche Bedürfnisse.
Bitte vergleichen Sie: Enthält Ihre Textversion ähnliche Formulierungen?

Textvorschlag – Zielgruppe Ohrenmenschen:
Ein ausgefeiltes Materialkonzept läßt den Wagen ausgesprochen ruhig sein. Nichts scheppert oder klappert, der Motor läuft selbst dann noch geräuscharm, wenn Sie ihn hochtourig fahren, und die hervorragende Kurvenlage läßt auch keine Reifen quietschen. Besonders verheißungsvoll ist das Fahren in der Version mit dem offenen Verdeck – da hören Sie die Vögel zwitschern und den Wind im Wald rauschen; Ihr Auto aber schnurrt still dahin.
Bitte vergleichen Sie: Enthält Ihre Textversion ähnliche Formulierungen?

Text 2: Zielgruppe Ohrenmenschen
Textvorschlag – Zielgruppe Augenmenschen:
Unser Angebot ist gleichzeitig eine Zukunftsvision. Sie werden sehen, daß es kaum Vergleichbares auf dem Markt gibt. Schauen Sie sich doch die Zinsenentwicklung an: Während andere Produkte eine Fieberkurve durchliefen, zeigt unser Arrangement einen kontinuierlichen Aufwärtstrend. Und betrachten Sie auch den Aspekt der Rücksichtnahme auf vorhersehbare Kurseinbrüche: das Mosaik der verschiedenen Anlagedimensionen optimiert Ihre Gewinnaussicht.
Bitte vergleichen Sie: Enthält Ihre Textversion ähnliche Formulierungen?

Textvorschlag – Zielgruppe Körpermenschen:
Jeder von uns sucht sichere Veranlagungsformen. Das ist notwendig, denn wir werden älter, die Kinder haben Wünsche – da muß

man schon solide Maßnahmen treffen! Unser Angebot ist krisensicher und ausgereift: Vergleichen Sie mit ähnlichen Produkten am Markt: nichts hat so ausgewogene Kennzahlen, so eine gesunde Entwicklung. Man begreift sofort: Hier gibt es doppelten Rückfluß bei dreifacher Zuverlässigkeit.
Bitte vergleichen Sie: Enthält Ihre Textversion ähnliche Formulierungen?

Text 3: Zielgruppe Körpermenschen
Textvorschlag – Zielgruppe Augenmenschen:
Unser Journal ist von der Optik her ganz neu konzipiert: Viele Bilder, bunte Graphiken, starke Photographien. Sie sind schon beim Hinsehen informiert. Die Vorteile des Abos sind augenscheinlich: Sie sehen sofort, was los ist, ohne extra nach dem Heft Ausschau zu halten. Sie bekommen einen Augenblicksrabatt. Und Sie überblicken größere Zeiträume, wenn sie unsere aktuellen Serien betrachten.
Bitte vergleichen Sie: Enthält Ihre Textversion ähnliche Formulierungen?

Textvorschlag – Zielgruppe Ohrenmenschen:
Noch bevor es die Spatzen von den Dächern pfeifen, sind Sie durch uns informiert. Wir legen großen Wert auf eine klare Diktion, aber auch auf einen rhythmischen Aufbau des Journals; die Themenschwerpunkte unterliegen stets dem gleichen Zyklus. Das Abo-Angebot hört sich auch verlockend an: Wenn der Wecker läutet, ist die Zeitung schon da; man spricht miteinander im Abo-Club, und die Rabatte klingen vielversprechend.
Bitte vergleichen Sie: Enthält Ihre Textversion ähnliche Formulierungen?

ÜBERSICHT

Repräsentationssysteme

- ❑ VISUELLES SYSTEM = Augenmenschen wollen sehen, betrachten, erkennen
- ❑ AUDITIVES SYSTEM = Ohrenmenschen wollen hören, verstehen
- ❑ KINESTETISCHES SYSTEM = Körpermenschen wollen spüren, riechen, begreifen

Werter Leser!

Sie haben Sabine Bach, Lukas Renner und Pfiff auf ihren Wegen, Telefonprofis zu werden, begleitet. Sie haben ihnen über die Schulter geschaut und haben – hoffentlich – Neues erfahren und Erfahrungen bestätigt bekommen. Wir kochen alle nur mit Wasser, und das ist gut so! Unser Alltag wäre längst zusammengebrochen, wenn unser Kommunikationsverhalten sich genauso verhalten hätte wie der innerstädtische Verkehr.

Wahrscheinlich haben Sie ein gutes Gespür dafür, welche Verhaltensmuster am Telefon für Sie besonders renovierungsbedürftig sind und worin Sie schon fortgeschritten sind. Lesen Sie die entsprechenden Stellen ruhig immer wieder. Herr Dr. Weissenstein, Frau Wollner und alle anderen sind geduldige Ratgeber, die Ihnen das Gewünschte gern immer wieder erklären.

Sie können auch durch das Beantworten der folgenden Statements Aufschluß darüber erhalten, wo Sie gerade stehen; d.h. welche Position im Telefonierfeld Sie gerade einnehmen. Je nachdem, in welcher Region Ihr Punkt liegt, ergeben sich für Sie individuelle Entwicklungsmöglichkeiten. Genauere Hinweise finden Sie in den Anmerkungen zu der „Bedeutung der in Graustufen dargestellten Regionen" im Telefonierfeld.

Auf die Statements gibt es weder richtige noch falsche Antworten. Es gibt nur Reaktionen, die eher Ihrer persönlichen Realität entsprechen und solche, die für Sie eher nicht zutreffen. Entscheiden Sie sich für die Antwort, die eher Ihrem Alltagsverhalten entspricht. Die wünschenswerten Beantwortungen sind dabei recht leicht durchschaubar. Je mehr Sie jedoch dahingehend antworten, was sie gern täten und nicht, wie sie es tatsächlich tun, desto verzerrter wird das Bild, das Sie sich von Ihrer Position im Telefonierfeld machen. Das ist vor allem Ihrem persönlichen Fortkommen auf der Erfolgsleiter abträglich, denn Sie ziehen dann die falschen Schlüsse. Ähnlich der Situation, in der Sie auf einer Landkarte Ihren Standort falsch identifizieren und aus diesem Grund nach links statt nach rechts laufen.

Viel Spaß und einige neue Einsichten in Ihr Verhalten!

	Ja	Nein
1. Ich achte stets darauf, daß meine Telefonate kurz und bündig sind.	❏	❏
2. Ich gebe meinem Gesprächspartner immer die Möglichkeit, auch seinen Standpunkt klar zu legen.	❏	❏
3. Das Telefon ist ein Arbeitsgerät und kein Kommunikationsspielzeug.	❏	❏
4. Manchmal rufe ich Kunden einfach bloß an, um Kontakt zu halten.	❏	❏
5. Ich möchte am Telefon Informationen austauschen und nicht in Beziehungskisten wühlen.	❏	❏
6. Ich lasse grundsätzlich jeden Telefonpartner ausreden; irgendetwas Nützliches erfährt man meistens dabei.	❏	❏
7. Bevor ich den Hörer abnehme, weiß ich schon, in welcher Ecke ich meinen Telefonpartner haben will.	❏	❏
8. Die meisten Leute müssen sich erst warm plaudern und erzählen dies und das; auch wenn es mich nicht interessiert – fürs Gesprächsklima ist es wichtig.	❏	❏
9. Hauptsache, nach einem Telefonat besteht Klarheit über die inhaltlichen Fragen; die Form ist sekundär.	❏	❏
10. Ich achte die Stimmung meines Gesprächspartners und beziehe sie in mein Konzept mit ein; gegen den Wind gedeiht kein Baum!	❏	❏
11. Als Anrufer muß ich wissen, was ich mit dem Telefonat erreichen will; sonst ist es besser, ich lasse es.	❏	❏
12. Hin und wieder macht es mehr Sinn, jemanden über seine Probleme reden zu lassen als auf Druck zu verkaufen.	❏	❏

13. Ich bin auch am Telefon dafür verantwortlich, daß Informationen/Angebote etc. unverfälscht „ankommen". ❏ ❏

14. Ich bemühe mich, die Wirklichkeit des anderen zu erfassen; darauf baue ich dann mein Angebot auf. ❏ ❏

15. Ich fühle mich bei einem Telefonat dann wohl, wenn objektiv eine Entwicklung festzustellen ist. ❏ ❏

16. Es kommt immer wieder vor, daß man an einander vorbeiredet. Da ist das Wichtigste, daß man einmal die Situation klärt. ❏ ❏

17. Bei heiklen Fällen muß man möglichst nüchtern das eigentliche Thema verfolgen. ❏ ❏

18. Ein Telefonat ist dann geglückt, wenn sich in irgendeiner Weise die Beziehung der Gesprächspartner verbessert hat. ❏ ❏

19. Ich lasse mich von unfreundlichen Gesprächspartnern nicht irritieren; das Gesprächsziel verliere ich nicht aus den Augen. ❏ ❏

20. Ich bemühe mich bei jedem Telefonat, den Menschen hinter der Stimme zu sehen. Wo eine Beziehung herrscht, florieren auch die Geschäfte. ❏ ❏

So bestimmen Sie Ihre Position im Telefonierfeld:

Jedes Statement hat eine Nummer. Die Statements mit den ungeraden Zahlen (Nrn.: 1, 3, 5, 7, 9, 11, 13, 15, 17, 19) verhelfen Ihnen zu Punkten auf der X-Achse (Sachorientierung). Die Statements mit den geraden Zahlen (Nrn.: 2, 4, 6, 8, 10, 12, 14, 16, 18, 20) verhelfen Ihnen zu Punkten auf der Y-Achse (Personenorientierung).

Geben Sie sich bitte für jedes „Ja" einen Punkt. Summieren Sie nun, nach Statements mit geraden und ungeraden Zahlen getrennt, Ihre Punkte. Sie müssen auf diese Weise sowohl für Sachorientierung als auch für Personenorientierung einen Wert zwischen Null und Zehn erreichen.

Sachorientierung: .... Punkte
Personenorientierung: .... Punkte

Tragen Sie nun im folgenden Schema vorerst Ihren Punktewert für Sachorientierung auf der waagrechten X-Achse ein; dann markieren Sie Ihren Wert für Personenorientierung auf der lotrechten Y-Achse. Ziehen Sie nun in den beiden Punkten, die Ihre Werte auf den Achsen darstellen, jeweils eine Linie, die im rechten Winkel auf die jeweilige Achse steht. Der Schnittpunkt der beiden Linien symbolisiert Ihre Position im Telefonierfeld.

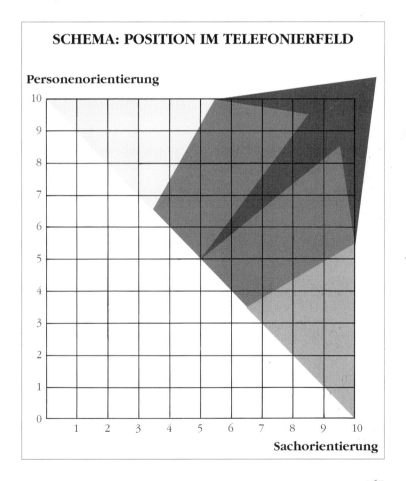

Die Bedeutung der in Graustufen dargestellten Regionen

Ihre Position befindet sich im ...

weißen Feld:
Sie haben dieses Buch vermutlich gelesen, um einen ersten Überblick über Tricks und Kniffe am Telefon zu erhalten. Sie wissen jetzt, daß man vieles beachten muß, und sind redlich bemüht, nichts falsch zu machen. Mit der Zeit kommt die Routine! Telefonieren ist Handwerk; und in diesem lernt man nur durchs Tun. Sie werden sich in beiden Dimensionen weiterentwickeln; die Zeit, die Sie mit dem Telefon verbringen, arbeitet für Sie. Besonders profitieren werden Sie von diesem Buch, wenn Sie sich auf jene Fragen konzentrieren, die Sie mit „Nein" beantwortet haben und die diesbezüglichen Stellen nachlesen!

hellgrauen Feld:
Sie sind ein liebenswürdiger Zeitgenosse, der viel Verständnis für seine belebte Umwelt hat. Nichts Menschliches ist Ihnen fremd, und das Telefon erweitert Ihren Aktionsradius. Sie haben einen Draht zu den Leuten, egal ob Kunden, Mitarbeiter oder private Bekannte. Doch Sie spüren ja selbst, daß die Netten das Nachsehen haben. Zum Profi am Telefon gehört nicht nur Umgänglichkeit, sondern auch Sachkompetenz! Informieren Sie sich über alle Abläufe in Ihrem Betrieb, beobachten Sie den Markt, recherchieren Sie Kundenbelange. Man wird Sie in der Branche noch mehr schätzen, wenn Sie nicht nur freundlich, sondern auch fachkundig agieren. Im betrieblichen Bereich ist das Telefon ein Arbeitsgerät; Kunden und Geschäftsleitung – und im Endeffekt auch Sie, sonst hätten Sie nicht in diesem Buch gelesen – erwarten von Ihnen humane Geschäftsmäßigkeit und nicht geschäftsmäßige Humanität. Besonders profitieren werden Sie von diesem Buch, wenn Sie sich auf jene Fragen konzentrieren, die Sie mit „Nein" beantwortet haben und die diesbezüglichen Stellen nachlesen!

mittelgrauen Feld:
Sie haben in Ihrem Metier die Nase vorn – Ihnen macht so schnell niemand etwas vor! Sie wissen, daß von nichts auch nichts kommen kann und das Telefon ist dazu da, Ihnen das Le-

ben zu erleichtern. Wer Sie daran hindert, das von Ihnen als technisch richtig und sachlich wichtig Erkannte umzusetzen, ist ein ärgerliches Hindernis, das entfernt gehört. Am Telefon, durch den fehlenden Blickkontakt, fällt Ihnen der Kontakt zu Ihren Gesprächspartnern noch lästiger. Wenn Sie lernen, Menschen weniger als Hindernisse Ihrer wohldurchdachten Abläufe zu begreifen, sondern als spannende Herausforderung, werden Sie eine positivere Wirkung auf Ihre Umwelt haben. Versuchen Sie, vielleicht in einem recht allgemeinen Seminar über Kommunikation, Ihr eigenes Verhalten und das Ihrer Umwelt zu durchschauen.

Besonders profitieren werden Sie von diesem Buch, wenn Sie sich auf jene Fragen konzentrieren, die Sie mit „Nein" beantwortet haben und die diesbezüglichen Stellen nachlesen!

dunkelgrauen Feld:
Sie sind auf dem besten Weg, ein Telefonprofi zu werden; je weiter Sie in der rechten oberen Ecke des Feldes gelandet sind, desto näher sind Sie schon ihrem Ziel! Aber aufgepaßt: Nur wer besser wird, bleibt gut! In der täglichen Routine schleichen sich schnell Unarten ein, die man nur schwer wieder los wird. Beobachten Sie sich daher ständig, wo Ihre Präzision nachläßt und arbeiten Sie an Ihrer Selbstmotivation. Je höher – das wissen wir aus der Sportmedizin – jemand zu springen in der Lage ist, desto härter muß er trainieren, um noch höher zu kommen. Arbeiten Sie an Ihrer Olympiareife – das Telefon ist das Medium der Zukunft, und Sie wollen doch ganz vorn mit dabei sein?!

Besonders profitieren werden Sie von diesem Buch, wenn Sie sich auf jene Fragen konzentrieren, die Sie mit „nein" beantwortet haben und die diesbezüglichen Stellen nachlesen!

Unabhängig davon, in welchem Feld Sie gelandet sind, haben Sie die besten Chancen, beruflich vorwärts zu kommen. Sie haben sich mit dem wichtigsten Hilfsmittel unseres Erwerbslebens auseinandergesetzt; Sie haben sich damit beschäftigt, daß es an Ihnen liegt, welche Ergebnisse Sie am Telefon erzielen; und Sie haben erkannt, daß Sie selbst das Entscheidende dazu beitragen können, ein Telefonprofi zu werden.

Viel Erfolg und Freude am Telefonieren!

ANHANG

Telefon-Vorbereitung und Gesprächsblatt

- ❏ Name: ....
- ❏ Position: ....
- ❏ Firma: ....
- ❏ Branche: ....
- ❏ Tel.Nr.: ....
- ❏ Beste Sprechzeit: ....
- ❏ Anlaß/Kontakt: ....
- ❏ Mein Name: ....
- ❏ von der Firma: ....
- ❏ Coupon/Antwortkarte/
  Messe/Empfehlung ....
- ❏ Zweck des Gesprächs: ....
- ❏ Interessengebiete und
  Nutzungsaussagen: 1. ....
                  2. ....
                  3. ....
- ❏ Haben Sie jetzt 2 Minuten Zeit? ....
- ❏ Thema: „Wäre das ein Thema für Sie?" ....
- ❏ Spezifische Fragen: 1: ....
                  2. ....
- ❏ Thema eingrenzen: ....
- ❏ Situation heraushören: ....
- ❏ Position des Gesprächspartners: ....
- ❏ Kompetenzen: ....
- ❏ Mittel: ....
- ❏ Kundenwünsche (Prospekte): ....
- ❏ Terminvorschlag A: .... oder B: ....
- ❏ Terminfestlegung: ....
  Wiederholung: Am ....um ....Uhr
- ❏ Vor- und Nachname: ....
- ❏ PLZ und Ort ....
- ❏ Straße: ....
- ❏ Telefon Nr.: ....Nebenapparat: ....
- ❏ Notizen: ....

Gesprächs-Vorbereitungsblatt

❏ Wen will ich anrufen?

❏ Was will ich erreichen?

❏ Welche Einwände habe ich zu erwarten?

❏ Wie kann ich diese widerlegen?

❏ Welche Unterlagen benötige ich?

Erfolgskontrolle nach dem Gespräch

Kontrollpunkte:	Bestätigung	Verbesserungs-vorschläge
Vorstellung: Begrüßung Firma, Namen? Deutlich, einprägsam? Kunden mit Namen angesprochen? Geprüft, ob mit richtigem Gesprächspartner verbunden?		
Aufhänger Auf aktuellen Anlaß Bezug genommen? Sofort Interesse geweckt Vorteil für Kunden aufgezeigt?		
Angebot Klares Angebot? (Besuch/Artikel) Nutzen für den Kunden? Konkreter Vorschlag? Vorteilsargumentation?		
Vereinbarung Termin vereinbart? Auftrag bestätigt?		
Zusammenfassung Wichtige Abmachungen wiederholt? Dank? Verabschiedet?		
Telefonverhalten Richtige Sprechgeschwindigkeit? Deutlich? Kurze Sätze? Verständl. Formulierungen?		

Telefon-Training

Selbstbewertung

	1	2	3	4	5	Bemerkung
❏ Auffassungsgabe						
❏ Ausdauer						
❏ Ausgeglichenheit						
❏ Aussprache (deutlich)						
❏ Beherrschung						
❏ Belastbarkeit						
❏ Denken, logisch						
❏ Diplomatie						
❏ Einfühlungsvermögen						
❏ Fähigkeit, zuzuhören						
❏ Flexibilität						
❏ Formulierkunst						
❏ Freundlichkeit						
❏ Genauigkeit						
❏ Hausinterne Kenntnisse						
❏ Hilfsbereitschaft						
❏ Höflichkeit						
❏ Kontaktfreudigkeit						
❏ Konzentrationsfähigkeit						
❏ Menschenkenntnis						
❏ Ordnungssinn						
❏ Redegewandtheit						
❏ Ruhe, Innere						
❏ Sachlichkeit						
❏ Schlagfertigkeit						
❏ Schnelligkeit						
❏ Stimme, angenehm						
❏ Überzeugungskraft						
❏ Urteilsvermögen						
❏ Verkaufsgeschick						